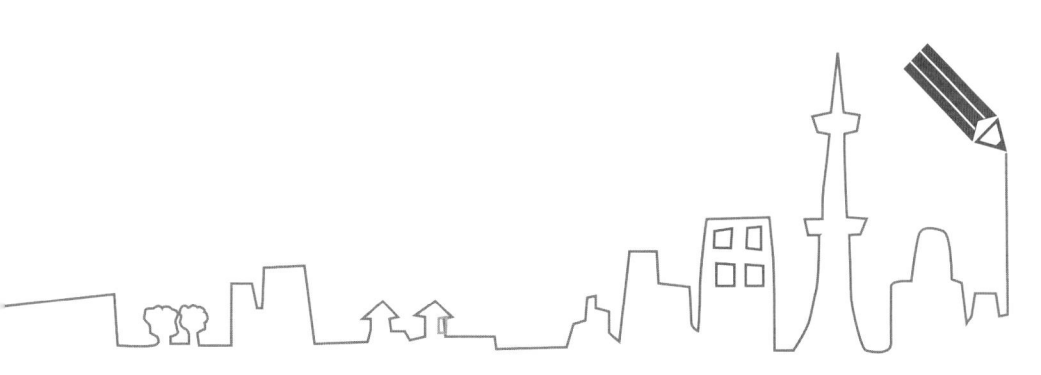

Sociology
After School

放課後の
社会学

大多和直樹 著

北樹出版

放課後の社会学 Contents

序　章　放課後の社会学とは ……………………………………… 8
1. はじめに …………………………………………………… 8
2. ねらい ……………………………………………………… 10
3. 本書の構成 ………………………………………………… 11
4. 補足：解説の知 …………………………………………… 14

第Ⅰ部　消費・余暇編──カラダの感覚は社会のなかでつくられる!?

第1章　社会的装置としてのデパート：博覧会から渋谷の街まで ………… 18
1. 博覧会：最初のデパート的経験 ………………………… 18
　（1）「審査官の気象をあるを要す」(18)（2）博覧会のまなざし (21)
2. デパートと欲望喚起 ……………………………………… 22
　（1）デパートの成立 (22)（2）欲望喚起装置 (22)
3. 渋谷の成り立ち：パルコに注目して …………………… 24
　（1）イメージ都市 (25)（2）セグメント化 (25)（3）600メートルショップ (26)（4）ステージ性を備えた街 (26)
4. デパートの進化と消費者としてのカラダ ……………… 27

第2章　ディズニーランドと私たちの現実世界 …………………… 30
1. ディズニーランドの空間戦略 …………………………… 30
　（1）観覧車のない遊園地 (30)（2）閉じ込められる視線 (31)
2. 夢の国の成り立ち ………………………………………… 32
　（1）テーマパーク (32)（2）関わることのできるファンタジー (34)
3. ディズニーランドの世界観：何が人々を惹きつけるのか ……… 36
　（1）〈かわいい〉が満載 (36)（2）米国的ノスタルジー (37)
4. ディズニーランドから街へ ……………………………… 38

第3章　鉄道旅行の考古学：新技術と私たちのカラダ …………… 42

1．昔の人のカラダと鉄道との遭遇 ……………………………… 42
　　　　（1）風景の喪失 (43)（2）馬車の旅のカラダと鉄道への批
　　　　判 (44)
　　2．新しいカラダと風景の湧出 …………………………………… 45
　　3．鉄道旅行の病理 ………………………………………………… 47
　　4．新技術の影響とは ……………………………………………… 49

第4章　マルチメディアとしてのケータイ ………………………… 51
　　1．パーソナル・ダイナミック・メディア ……………………… 51
　　2．マルチメディアとしてのケータイ …………………………… 54
　　　　（1）コミュニケーションのための最小限の機能 (54)
　　　　（2）ルーツとしてのポケベル (55)（3）電話 (56)
　　3．ケータイの文化 ………………………………………………… 57
　　　　（1）単純でわかりやすい文化 (57)（2）身体技法としての
　　　　親指連打入力 (59)（3）ショート・メッセージの文化 (60)
　　4．ケータイと創造的思考 ………………………………………… 61

第5章　Ｊポップというジャンル：言葉のくくりと私たちの現実 …… 64
　　1．アイドル歌手・本田美奈子の戦い：私はアーチストと呼ばれたい … 64
　　　　（1）アイドル・オタクの聴くものとしてのアイドル歌謡曲
　　　　(65)（2）音楽ファンが聴くものとしてのロック、ニューミ
　　　　ュージック (66)（3）アーチスト宣言の顛末 (66)（4）Ｊ
　　　　ポップの登場と日本のポピュラー音楽界 (68)
　　2．Ｊポップの登場とその背景 …………………………………… 69
　　　　（1）Ｊポップという言葉の普及過程 (69)（2）音楽産業・
　　　　技術・聴き手の変容 (71)
　　3．言葉のくくりと現実 …………………………………………… 74
　　　　（1）言葉と現実認識 (75)（2）言葉の流通と社会 (76)

　　第Ⅱ部　生産・労働編──私たちは社会のなかでどう管理されるのか？

第6章　パノプティコンとは何か：監獄と私たちの社会の深い関係 …… 80
　　1．専制君主制下の刑罰 …………………………………………… 80

4

　　　　（1）華々しい身体刑（80）（2）専制君主制下の犯罪と刑罰（82）
　　2．改革者たちの刑罰……………………………………………84
　　　　（1）新しい刑罰のあり方と監獄（85）（2）パノプティコン
　　　　（一望監視施設）（85）（3）透明な権力（87）
　　3．結語：規律訓練と私たちの生活………………………………87

第7章　学校とパノプティコン：慣れ親しんだ空間の考古学 …………… 90
　　1．発明された学校………………………………………………90
　　　　（1）日本（90）（2）英国（92）
　　2．近代学校とパノプティコン……………………………………95
　　　　（1）ランカスター・システムとパノプティコンの同型性
　　　　（95）（2）生-権力による管理（96）
　　3．結語：学校を批判的に捉える…………………………………97
　　　＊コラム：いじめ概念をゆさぶる（100）

第8章　環境管理型権力と新しい監視社会：管理に気づかせない管理 ……… 103
　　1．偏在化する環境管理型権力……………………………………103
　　　　（1）マクドナルドの硬い椅子（103）（2）環境管理型権力
　　　　の事例（104）
　　2．環境管理権力と監視テクノロジー……………………………105
　　　　（1）監視のニューモード（105）（2）環境管理型権力とし
　　　　ての監視テクノロジーの結びつき（107）（3）データベース
　　　　型監視の危険性とは（108）
　　3．結語：新しい管理についていっていない私たちのカラダ…………109
　　　＊コラム：小学校教諭は児童死体愛好サイトを運営してよい
　　　　か――多元的自己をめぐって（112）

第9章　学校から職業へのつながり：工場・オフィスモデルとコンビニモデル ‥ 116
　　1．工場・オフィスモデル…………………………………………116
　　　　（1）サラリーマンとは（117）（2）工場やオフィスで人は
　　　　どう管理されるのか（117）（3）学校から職業への良好なつ
　　　　ながり（118）

2．コンビニモデル ·· 119
　　　　（1）工場・オフィス労働の外部（119）（2）フリーターと
　　　　いう働き方（120）（3）コンビニエンス・ストアの人員管理（121）
　　3．結語：学校とコンビニモデル職業との不健康なつながり ········· 123

第10章　制服の流行はなぜ変化したのか
：学校と消費社会の関係性を読み解く ······························ 127
　　1．制服の流行が示すもの ·· 127
　　　　（1）短いスカート丈の普及過程（127）（2）長いスカート
　　　　の流行と学校・街（129）（3）短いスカートの流行と学校・
　　　　街（131）
　　2．制服の着こなしの変容と学校を取り巻く社会 ··················· 132
　　　　（1）学校社会化と情報社会化＝消費社会化の同時進行
　　　　（132）（2）学校の戦略（134）
　　3．結語：生徒指導の現代的課題 ·································· 136
　　　　＊コラム：新しい働き方・生き方のしくみをどう考えるのか（139）

第11章　補論：感情の管理をめぐって ································ 142
　　1．感情を管理して生きる：心理学が力をもつ時代 ················· 142
　　　　（1）心理学に解を求める現代人（142）（2）聖なる自己の
　　　　高まりの果てに（144）
　　2．感情労働：感情の管理をすることが商品になる ················· 145
　　　　（1）感情労働の広がり（145）（2）感情労働のつらさ（145）
　　　　（3）感情労働の帰結（147）
　　3．感情の管理の行方 ··· 148

第12章　おわりに ··· 152
　　1．一望する視線 ··· 152
　　2．自由を制限する管理から自由を通じた管理へ ··················· 154
　　3．つぎなるステップへ ··· 155

事項・人名索引 ··· 161

放課後の社会学

放課後の社会学とは

1. はじめに

　本書『放課後の社会学』は、これから社会学を学ぼうという読者を社会学の門のなかへと誘う初学者用のテキストである。社会学の入門者用テキストというのは、二種類あるように思われる。第一に、おもに社会学の基礎知識・基本概念を正しく理解させ、重要な社会学者の著作や理論を解説するもの、そして第二に、社会学的な考え方やものの見方を読者にみせるものである。この二つの要素を兼ね備えている優れたテキストもあるのだが、本書は後者の側面を強調したテキストである。予めお断りしておくと、社会学の基礎知識を網羅的に学習したり、社会学理論を厳密なかたちで把握したりということは期待できないと申し上げておく。

　対象となる読者は、おもに社会学に初めて触れる大学生や高校生——もちろん、学卒後の方々や早熟な中学生も——を想定している。筆者としては、できる限り敷居を低くしつつ、読者と社会学との出会いがスムーズで実りあるものとなるように工夫を凝らしたつもりである。その一環として第Ⅰ部では、ショッピング（街）、ディズニーランド、旅行、ケータイ、Ｊポップといった身近な現象を扱った。

　つぎに本書の『放課後の社会学』というネーミングについて触れておきたい。いうまでもなく放課後社会学などというものはなく、したがってこの名称は——家族社会学、都市社会学、犯罪社会学、教育社会学などのように——確立された学問領域を指すものではない。本書で扱うざっくばらんで多様な対象を緩やかにまとめ上げるネーミングというのが本音である。ほかにも、このネーミングには、以下のような意図が込められている。

筆者は、教育社会学者であり、おもに教育や学校を取り巻く現象を社会学的に研究している。その意味で常に社会学と関わりをもちながら研究・教育を行っているのであるが、社会学自体の専門家とはいえない。出身の学部も教育学部であり、社会学のエッセンスを伝える本書でも、扱う内容を教育や学校を軸としたものにしたかった。

　近年では、学校や生徒を研究する場合、学校内部をみるだけでは不十分で、それを取り巻く街や消費社会といったものにも目を向ける必要がある。そうしたところから筆者は、メディアの社会学や若者論といった領域を参照しつつ研究を行ってきた。本書は、こうした研究活動のなかで筆者が面白いと感じたトピックをピックアップしたが、それらのトピックは、あえていえば、生徒・学生が放課後に接している事象とみることができる。「放課後の」には、そうした意味が含まれている。

　さらに、比較的ライトな読み物として放課後に読めるという意味も込められている。「社会学というのは、こういう見方をするのか」とか「これって背景にはこんなことがあったんだ」というようなことを感じとっていただければ、筆者としては嬉しい限りである。

　最近、サイエンス・カフェというイベントが盛んに行われている。これは、専門家と市民が学問的なトピックについて議論するものであるが、研究会というような堅苦しいかたちではなく、カフェでケーキと紅茶を愉しみながらというおしゃれなイベントとなっている。本書も、多くの人にとって身近なリアリティある内容を盛り込んで、社会学カフェや社会学ラウンジといったテイストのものにしたかったのである。

　放課後の社会学というネーミングに違和感を感じる読者も多いかと思われるが、筆者としては上記のような思いを込めて、このネーミングを採用することとした。

■■■ 2. ねらい

　本書の第一のねらいは、私たちの身体感覚や現実感覚が社会的につくられてきたことを読者が理解できるようにすることである。身体感覚のありように社会が関係しているということは、意外に思われるかもしれない。というのも、身体感覚は神経などの受容器が関係する医学的な問題や、それがどう感じられるのかという心理学的な問題と理解されることが多いからだ。

　しかしながら、Chapter3で扱う鉄道旅行の事例が示しているように、現代を生きる私たちにとっては鉄道旅行とはゆったりした旅であるものの、当時の人々にとっては猛スピードでの旅にほかならなかった。そこでは、スピードに伴う風景の消失ということが真剣に議論されていたのだから驚きだ。また、Chapter1では、ショッピングを楽しむ身体が、やはり社会的につくられてきたことをみていく。これまた現代を生きる私たちには、そうしたカラダがすでにできあがっており、たとえば、暇つぶしにカタログ本を手に取り、「どれがいいかな」と数多ある商品のなかからいいものを選ぶということを自然にやってのける。また、ウインドウショッピングでは、さしあたり買う予定のないものを楽しげに見ることができる。だが、時代を遡ってみると、陳列されたおびただしい数のモノの前に、何をしてよいかわからず立ち尽くす人々の姿があったことがわかる。いいものを選ぶ視線というものも、私たちが社会のなかで歴史的に身につけてきたということになるのだ。本書では、このような身体感覚の社会的な形成や変容を「カラダ（の感覚）が社会的につくられる」と表現し、とくに第Ⅰ部において、これが身近な現象のここかしこに存在していることをみていく。

　第二のねらいは、読者が社会的装置について理解できるようにすることである。先ほどとりあげた例でいえば、鉄道旅行においては、鉄道旅行を拒否する旧いカラダをもった人々に代わり、新しい感覚のカラダをもった人々が登場する。ここでは、鉄道のように私たちのカラダの感覚を更新していったり、私たちの生活のあり方を変えていったりするような社会的しくみのことを社会的装

置という。具体的には、制度、技術、メディア、建築などが社会的装置として作用する。

ただし、必ずしも制度や技術が一方的に私たちのカラダや生活を変化させるとはいえない。そこでは意図せざる結果がもたらされることも多いのであり、むしろ、それこそが社会の動きのダイナミックさであるともいえる。また、カラダや生活の変化の全てを一つの社会的装置の影響によるものと考えることはできない。

第三のねらいは、社会の変動について読者が理解できるようにすることである。常に社会のありようは変動している。しかも、1970年代〜2000年代という比較的現代に近い時期においても、そうした変動がここかしこで生起している。このことを読者の方々に感じとってほしいと考えている。本書は、ほぼすべての章を通じて、大小さまざまな社会変動に触れているといってよい。

これにかんしてつけ加えれば、本書は、社会変動を捉えるため多くの章で歴史的な展開を扱うことが多くなった。カラダの感覚の変容は、社会変動の前後を捉えて初めてわかることが多いため、必然的に歴史的な叙述を含むこととなった。歴史をみていくと私たちがいま現在、当たり前に接しているものごとが、当たり前でなかった時代をみることができる。筆者は、そこに社会学のスリリングな魅力を感じており、そうした醍醐味を読者にも感じてもらいたいと考えている。

3．本書の構成

本書の構成は、「第Ⅰ部　消費・余暇編——カラダの感覚は社会のなかでつくられる⁉」と「第Ⅱ部　生産・労働編——私たちは社会のなかでどう管理されるのか？」の二部構成となっている。

第Ⅰ部は、街やメディアといった消費社会に関わる事象を対象にしている。これらの多くは、放課後や余暇の時間に接するものと捉えることができる。ここではおもに、私たちが身近に接しているさまざまな事例を通じてカラダない

しはカラダの感覚が社会のなかでつくられているということをみていく。

オープニングのテーマは、渋谷の街とディズニーランドである。1980年代の渋谷は、集う者をおしゃれに駆り立てるとともにおしゃれでない人を排除するような力をもつ街だったという。そうした街の仕掛けを吉見俊哉（1987）『都市のドラマトゥルギー』から読み解いていく。この章では、そもそもショッピングを楽しむカラダが博覧会や百貨店といった社会的装置に支えられながら形成されてきた経緯を解説していく。この文献は、筆者の社会学入門の一冊でもある（Chapter1）。

つぎに、これまた人気スポットのディズニーランドについてみていく。ディズニーランドには、人々をファンタジーの世界に移入させるための空間編成がある。そのしくみを旧来的な遊園地と比較しながらみていく。さらに、ディズニーランド的な空間編成は、実際に私たちが暮らす街づくりにも利用されており、私たちをイメージの世界に住まわせようとしているという。ここでも吉見俊哉らの論文をベースにして、解説を行う（Chapter2）。

オープニングの後に新技術について考えていく。テレビ、TVゲーム、ケータイなど、新しい技術が登場するたびに私たちは、子どもに悪影響があるのではないかと考える傾向にある。そこで新技術がもたらす私たちのカラダの感覚への影響とは何かをオールド・ニューテクノロジーである鉄道を事例にして探っていく。鉄道は、私たちにとっては日常的な乗り物であるが、1850年代のイギリスをみてみると、社会に大きな変革をもたらす新技術であったことがわかる。シベルブシュ『鉄道旅行の歴史』のなかから該当箇所を読んでいく（Chapter3）。

それに続いて今度は、新技術自体が社会に普及するということについてケータイを題材に考えていく。具体的にはケータイ（マルチメディア化された携帯電話）が親指連打式の入力など独特の身体技術や文化を伴いながらマルチメディア社会を実現させたことを解説する。その際、パソコンの発達に大きな影響を与えたアラン・ケイの構想と比較しつつ、ケータイの文化の特質を明らかにしていく（Chapter4）。

第Ⅰ部の最後に、やや異色ではあるが、私たちの現実感覚を形づくるものの

一つとして、言葉のくくりである概念についてとりあげる。概念の働きについて知ることは、社会学を学ぶ上で重要なことであるのだが、ここではJポップという言葉／音楽のくくりに注目して、概念がつくり出す現実について直感的に理解することを目指す（Chapter5）。

　第Ⅱ部は、学校教育やしごとの世界を扱う生産・労働編である。学校や仕事場は、自分の力を発揮したり自己実現したりする場であることは確かであるが、本書では、もう一つの側面に着目する。それが「私たちは社会のなかでどう管理されるのか？」という問題である。私たちは、学校や仕事場において、命令や号令に従ったり、規律正しさを求められたりといった一定の管理を受けることになる。そして、その管理のあり方は、社会状況によって変化するものであり、社会的な管理の力が私たちにどのように働いているのかをみていくことは、社会を捉える一つの切り口になりうる。

　第Ⅱ部の最初にとりあげるのは、私たちの生きる近代社会における社会的管理のあり方をドラマティックにみせてくれるミシェル・フーコー『監獄の誕生』である。監獄は、近代社会になって発展をみせるのであるが、フーコーによれば、監獄をみると近代社会が私たちを管理する方法が端的にわかるという。近代社会においては、規律訓練を通じて従順なカラダがつくられるが、このとき私たちが自分を自分で律するようにしむける究極的な管理のしくみ——その理念型がパノプティコン（一望監視施設）という監獄——が社会に埋め込まれているとフーコーは指摘する（Chapter6）。

　驚いたことに、私たちが通う近代の学校はパノプティコンとの同型性を有しているという。この章では寺崎弘昭（1995）「近代学校の歴史的特異性と〈教育〉——学校の近代を超えて」を中心に、学校とパノプティコンの関係を探っていく。ここでは、一斉授業が行われた最初の学校まで遡り、当時の教場の図面などを参照しつつ、近代学校の働きについてみていく（Chapter7）。

　語弊を恐れずいえば、パノプティコンがつくり出すカラダを「自分で自分を律するカラダ」ということができる（東浩紀はこれを規律訓練型権力と名づけた）。そして、近代社会の一つの管理システムはこうしたカラダをつくりあげること

序　章　放課後の社会学とは　　13

を通じて機能しているといえるが、東浩紀（2002）が「情報自由論（html version）」（http://www.hajou.org/infoliberalism/）で鋭く指摘するように、近年、それとは違う管理のしくみが社会のここかしこにみられるようになってきている。それが東のいう環境管理型権力であり、本書の言い回しでいえば「知らず知らずのうちに行動させられているカラダ」がつくり出されるということになる（Chapter8）。

最後に学校教育（Chapter10）や働き方（Chapter9）をめぐる社会の変化——1970〜80年代には日本的な特徴をもつ学校や日本的雇用慣行のもとでの働き方が確立したが、1990年代以降に変化が生じ、新しいあり方が顕在化してきていること——について扱っていく。Chapter9では、時代を象徴する働き方としてサラリーマンとフリーターを取りあげ、彼／彼女らがどのような管理のなかにおかれているのかを比較していく。Chapter10では、制服の流行を通して、その背景にある学校とそれを取り巻く社会の変化、学校の生徒への管理のあり方の変化をみていく。

4．補足：解説の知

若干の補足をすれば、本書は、筆者が担当してきた社会学の講義がベースとなっている。その原点は、いまから10年以上も前、1999年に非常勤講師として武蔵野女子大学（現：武蔵野大学）で担当した「暮らしの知恵：現代社会に学ぶ子どもの知恵」という授業にまで遡る。引き受けてはみたものの現代の子ども／若者の「暮らしの知恵」といわれても、何をどうしてよいかわからなかったが、「何をやってもいいよ」という言葉をもらい、思いっきりトライしてみることとした。子ども／若者たちが身近に接していることがらの社会的成り立ちを解説する授業にすることを思いついて、実際、それを試してみたところ、上々の手応えを得ることができた。

その後、現在の勤務校・帝京大学においても、内容を現代的なものに入れ替えつつ、同じコンセプトで総合基礎科目（いわゆる一般教養科目的なもの）として

の「社会学」の授業をしている。600人近い受講登録があったこともあり、授業の運営にはさまざまな課題が残っているが、内容自体は概ね好評であった。ここでは、単に原典の著作を紹介するようなやり方では、学生の集中力がもたないことが予想されたため、「いかに私たちのカラダが社会的につくられたのか」、「いま当たり前に感じていることがいかに当たり前でなかったか」というように、常に講義のテーマをドラマティックにみせることを心がけてきた。解説の知というものがあるのかどうかわからないが、単に原典を与えても学生はついて来られず、ある種、大胆にシンプルなかたちでエッセンスを与えるような知の形式が必要とされていると筆者は考えている。本書は、そうした解説の知を本というかたちにする試みでもある。

　社会学のテキストでは、教科書ではあっても研究者のオリジナルな議論を展開するものが数多くある。しかしながら、本書は授業をベースにし、さきに示した三つのねらいに即した解説に徹することとした。ただし、補足すれば紹介といっても、多くの論点のある著作から内容を焦点化し、それ以外のものをそぎ落とし、筆者が読者に伝えようとするストーリーにむけて再編成したものである。そのため原作・原典を読むと、本書の内容がいかにある部分に焦点づけられたものであるかがわかると思われる。

　たとえばChapter1で扱う内容は、吉見俊哉（1987）『都市のドラマツルギー』を原典としているものの、その中心的な内容である浅草―銀座、新宿―渋谷といった近代日本の盛り場の変遷自体には直接触れず、ショッピングを楽しむ私たちのカラダの形成という観点から該当部分を抜き出しつつ再構成したものとなっている。こうした再構成は、本来、多くの論点をもつ優れた著作を矮小化して伝えてしまう危険性もあることを認識した上で、シンプルなストーリーを読者に示すことを心がけた。本書の各トピックに興味をもった方は、ぜひともその原典を読んでいただきたいと考えている。

序　章　放課後の社会学とは

第 I 部
消費・余暇編

カラダの感覚は
社会のなかでつくられる!?

　私たちの身体感覚や現実感覚は、社会的に形成される側面があるようだ。しかしながら日常生活を送るなかで、そのことに気づくことは難しいかもしれない。そこで、いくつかのChapterでは、私たちが普段当たり前だと思っていることが当たり前でなかった時代にまで歴史を遡ることにする。

　そこでは、私たちが何気なくしていることがまだできなていない、すなわち、それを可能とするカラダがまだ形づくられていないことがみえてくるだろう。だとすれば、私たちのカラダは、社会のなか、歴史のなかでつくられてきたと考えられるのだ。

　第 I 部はまた、消費・余暇編という位置づけもあり、デパート（ショッピング）、ディズニーランド、鉄道旅行、ケータイ、Jポップについて扱っていく。

社会的装置としてのデパート
博覧会から渋谷の街まで

> 「私たちのカラダは、社会によってつくれていたのか。」
> 私が社会学に触れたときの最初の驚きは、これだった。
> しかし、考えてみればヘンなことである。なぜなら、私たちの肉体は、ヒトという生物の設計図どおりに生まれた以上、何を知覚するのかもまた、それに従っているように思われるからだ。
> だが、私たちのカラダはそう単純ではないらしい。たとえば、私たちは、放課後や会社帰り、あるいは休日などに当たり前のようにショッピングを楽しむことができる。ところが、歴史を遡っていくと、明治初期のある催しでは、おびただしい数の物品を前に何を楽しんでよいのかわからない状況があったという。そこから少しずつショッピングを楽しむことができるカラダがつくられてきたわけである。
> では、消費社会で生きていく私たちのカラダがどのように、社会的なしくみのなかで歴史的につくり出されてきたかをみていこう。

1. 博覧会：最初のデパート的経験

(1)「審査官の気象をあるを要す」

デパートとは百貨店という訳語があてられているように、ありとあらゆる商品が一堂に集められた店のことである。デパートに行くと私たちのカラダは、たくさんのモノのなかからよいモノを「比較・選別」するように、自然に動いてしまう。たとえば棚にあまた陳列された靴を見ているとき——とりたてて意識はしていないかもしれないけれども——私たちは、微細な形や色などの違い

にまで気をつけながら、どの靴が一番自分の好みに合っているのかを悩みつつ選んでいる。比較・選別することとは、実に楽しい悩みを伴った経験である。また、カタログショッピングや、ネットショッピングでは誌面や画面を見つつ、そのページの商品のどれが良いか、親しい友人と談笑した経験があるかもしれない。私たちは消費社会のなかで商品に囲まれ知らず知らずのうちに、よいものを選ぶ経験をここかしこでしているということができる。

　ところがこうした経験は、少なくとも明治初期には、大衆にとって馴染みのあるものではなかった。それでは日本において大衆が、最初にしたデパート的な経験──おびただしい数の物品を目の前に比較・選別を行う経験──とは何だったのだろうか？

　吉見俊哉の『都市のドラマトゥルギー』によれば、その答えは明治初期の博覧会ということになる。当時の博覧会とは、新しい文明の成果としての物品を集めて陳列し、開国後の文明の進展を奨励するまさに国家的イベントであり、現代の万国博覧会と同様、大勢の人々が訪れ賑わいを博すイベントであった。

　こうして大衆が陳列された大量の物品を前にする機会を得ることとなったが、たとえば上野で開催された第一回内国勧業博覧会では主催者側の期待するものと来場者側の楽しみ方には齟齬があった。

　　「凡そ会場に入るものは審査官の気象をあるを要す」（審査官の心構えがあることが必要である）（吉見 1987, p.137）

これは博覧会の来場者への注意書きであり、主催者は来場者に博覧会が展示された物品の善し悪しを比較しながら見るものであることをアピールしていたのだった。博覧会とは、出品物の出来を比べることを通じて出品者の技術を高めようという意図が含まれているのだが、来場者たちは、ともすれば見世物やご開帳の延長──珍しいもの、ありがたいものを見るイベント──として博覧会を楽しもうとするきらいがあった。実際、博覧会に展示された仏像に手を合わせて拝んだり、賽銭を投じたりすることもみられたという（吉見 1987, p.140）。そうした事情があって、主催者は、来場者にこのような注意書きを提示していたのである。

図1-1 パリ万国博覧会（1967年）会場平面図（吉見 1987, p.123）

(2) 博覧会のまなざし：〈比較〉・〈選別〉する視線

　明治政府は博覧会を近代化を伝える場（メディア！）と位置づけていたが、そこではさきにみてきたように、来場者に〈比較〉・〈選別〉する視線をもつことを要求した。しかし、実際に博覧会の来場者としての大衆が、こうした視線を獲得するには時間を要した。博覧会は、明治政府の思惑とは逆行し、時代を経るにつれて、むしろ江戸期の庶民的娯楽であった見世物的な性格を強く帯びるようになった。それでも、後述する博覧会式の店舗である勧工場において、「店頭に並べられた商品を見て歩くこと自体が一種の楽しみとして認識される」（吉見 1995, p.130）ようになったのが明治20年代（1887年〜）というから、人々は徐々に〈比較〉・〈選別〉する視線を身につけるようになったとみることができる。

　このとき〈比較〉・〈選別〉する視線を大衆に身につけるように促したのは、注意書きによる喚起だけではなかった。会場の展示設備そのものが〈比較〉・〈選別〉する視線を促すように設計されていたのだった。図1-1（吉見 1987, p.123）は、パリの万国博覧会の会場の平面図である。ヨコ方向（輪を構成する部分の隣同士）に同種の物品が並べられており、しかもタテ方向に同じ国の物品が並ぶように工夫されていたから、単純に会場を歩くだけで同種の物品の国際比較が容易になされるようになっていた。日本の博覧会においても、徐々にこのように設計された会場が用いられるようになり、大衆が〈比較〉・〈選別〉する視線を獲得することを背景で支えていたとみてよい。

　このように〈比較〉・〈選別〉する視線を歴史のなかで獲得していったこと、これが冒頭で述べた、私たちのカラダが社会的につくられるということの一つの事例である。このとき博覧会のような〈比較〉・〈選別〉する視線をつくり出すものを社会的装置と呼ぶ。社会的装置が用意されることによって、私たちのカラダは社会的につくられることになるということができるだろう。

2．デパートと欲望喚起

（1）デパートの成立

　博覧会式の展示のしくみをもった店舗が百貨店、現在でいうところのデパートということになる。三越、高島屋、松坂屋などの百貨店が明治後期に開業すると瞬く間に成長を遂げることとなった。ここには、ありとあらゆるモノが集められており、洋服から家具、玩具に至るまでここに行けば何でも揃うといった品揃えがあり、それらが種類別に陳列販売されている。それ以前は「座売り」、すなわち時代劇の呉服屋のように店頭で交渉をすると店の奥から商品を持ってきてくれるような形態が一般的であったから、陳列式の販売形態は画期的なものであった。そうした店舗において消費者は、博覧会の如く、あまたある商品を比較してよいものを選別し購入することが可能になったのである。

　現代にまで存続する歴史をもつ百貨店であるが、その形態が一般的になる前には、勧工場という生産の奨励に力点をもつ施設があったことを指摘しておきたい。明治大正の風俗をわかりやすく提示している情報サイト meijitaisho.net によれば、最初の勧工場は、内国勧業博覧会の売れ残り品を販売するために東京府が殖産興業政策の一環として設置したもので、博覧会形式の陳列販売を行う店舗を常設化したものだったという。その後、民営化されつつ数を増やしていき、明治10年代に発展をみたが、規模拡大とともに粗悪品の流通もあって衰退し百貨店にその地位を奪われていった（ときのそのとき-勧工場：http://www.meijitaisho.net/toa/kankoba.php）。百貨店は、生産奨励に力点をおく勧工場よりも消費（販路拡大）に力点をおいた施設であり、消費の拡大する状況において百貨店のほうが実情にマッチしたシステムであったということができる[1]。

（2）欲望喚起装置：陳列棚からショーウインドウへ

　博覧会式の店舗であるデパートでは、まずできる限り数多くの商品を陳列しておくことが重要になるが、時代を経るにつれ販売戦略はより積極的なものへとなっていく。ここではいくつかの主要な戦略についてみていくこととしたい。

第一に、もはやデパートは、商品を並べておいて消費者の審美眼に任せて売るだけでなく、その際の何がよいものかの基準をもデパートが提供しようとする動きが出てくる。これは、すでに現在のファッション業界などでは常識化しており、ファッション誌等によってつくられた「今年の流行」に消費者が追随するという性格が強い。

　そうした動きのルーツは古く、大正期の百貨店である三越の文化人サロン「流行会」では「最新流行の研究」を通じて人々に「良い趣味」を指導するようになっていたという。

　第二に、売り場自体がスペクタクル＝娯楽を提供するような性格を帯びてくる。たとえば現代では、インポートブランドのゴージャスな売り場に入ると、そこにいるだけでセレブになったような気分になるし、また雰囲気のある棚に意味ありげにおかれた商品は、高級感が増したように感じられるのだ。たとえ買い物をしなかったとしても、人々を楽しい気分にしてくれる。デパートでの買い物の楽しみは、売り場の雰囲気を味わうことも含まれているとみてよい。

　第三に、特定の販売戦略の帰結ではないものの、消費社会の発展のなか客の意識がモノではなく、自分自身のイメージを買うことに向けられるような消費のありようが登場してくる。レイチェル・ボウルビーのショーウインドウのアナロジーは、この欲望喚起のしくみをうまく表現している。

　　「消費文化はナルキッソス[2]の鏡を一面のショーウインドウに変える。その
　　前にたたずむ彼女の理想化されたイメージを彼女が買い、なることもできそう
　　なモデルという形で〈反射〉してくるガラス、である。このガラスを通して、
　　彼女は彼女が欲しているものを見、彼女がなりたいと願うものを見るのである。」
　　（レイチェル・ボウルビー　1985：1989）

　ショーウインドウは、人をナルシスティックにさせる。ぴかぴかに磨かれたショーウインドウは、ガラスのなかの憧れを提示しつつ、その前にたたずむ人の姿を映し出すハーフミラーである。憧れの対象と自分が同時に映し出されることによって、ショーウインドウはその前にたたずむ人に自分を憧れになぞらえていく

第1章　社会的装置としてのデパート　　23

視線を獲得させるというのだ。もちろん、個々のショーウインドウが実際にその機能をもっているというよりは、デパートが「この商品を買ったら、自分は憧れに近づける」という欲望を喚起させる社会的装置ということを指し示している。

このとき消費者は、モノを買うことを通じて、自分自身を買っていることにほかならない。これは現代まで綿々と続いており、車のテレビCMでも、車の性能を提示するのではなく、RV車では「アウトドア派の俺」をイメージさせるものや、ファミリーカーでは家族団らんをイメージさせるものなどがみられる。この車を買うとどのような自己が手に入るのかを提示しているのである。

ここで喚起された新しい欲望を視線という観点から捉え直してみると、デパートが私たちに獲得するよう促しているのは、自分を憧れになぞらえる視線である。それは、モノに直接的に向けられるよりも自分自身に強く向けられた視線ということになるだろう。

3．渋谷の成り立ち：パルコに注目して

1970～80年代のファッション文化の中心地の一つは、渋谷から原宿のあたりであり、週末となると歩くのもままならないくらいの大変な賑わいであった。このようなブームを支えたのが渋谷のパルコや原宿のラフォーレといった、ファッションに特化したデパートだ。そのなかでパルコの空間戦略は、消費の欲望を喚起させるしくみの展開をみる上で重要なものとなっており、それはすでにデパートという店舗を超えて、街自体に拡張している。

パルコというデパートは公園通りという大通りに面している。公園通りという名前は、パルコの空間戦略の一環としてPARCO＝公園（イタリア語）にちなんで名づけられたという。いまではすっかり定着しており、すでに昔の名前は忘れ去られているといっても過言ではない。実はこの公園通り、それ以前は「職安通り」や「区役所通り」と呼ばれていたというから驚きである（吉見 1987, p.288）。パルコは1973年の開店の際に、オープニング・セレモニーとして「職安通り」と呼びならわされてきた道にクラシック調の馬車を走らせたという（難波 1996,

p.237)。公園通りのおしゃれで明るいイメージを演出する——今日からここがおしゃれな通りになるという——デモンストレーションであったといえよう。

（1）イメージ都市：通りに名前をつける

パルコの第一の戦略は、いわばイメージ都市をつくることだったといえる。以上でみた公園通りの他に「スペイン坂」などもパルコが関与して名前がつけられた道である。「スペイン坂」も命名されて以降、「マドリードの裏街はさもありなんという賑やかな雰囲気に変わるのにそう時間はかからなかった」（吉見 1987, p.300）という。パルコの仕掛け人は「なんでもない街が名前をつけることにより意味ありげになり、〈劇場〉に組み込まれていく」（吉見 1987, p.300）ことを知っていたのである。多田道太郎は、その街のありようを「縁日」という言葉を用いて、以下のように評している。

> 「ヨーロッパのどこかで見た街の雰囲気。……ガラス、ジュラルミン、アルミ…すべての素材が明るく軽やかである。光が表面でたわむれ、またたく間に消えてしまう。歳月の重みとはかかわりのない世界。忽然とこの世に現れ、音もなく、いずこともなく消えて行くであろう。現れたことも、消えてゆくことにも、なんの責任もない。……パルコもやはり『縁日』である。」（多田 1994, pp.90-94）

イメージ都市とは、もともとの土地性や歴史性から切り離されて出現した街である。そのことが鋭く捉えられている[3]。

（2）セグメント化：ファッションの街

渋谷の街がつくられる際、街全体をファッション関係のマーケットに特化した空間にする戦略が用いられた。あるものに特化しそれだけを扱う戦略をセグメント化（区画化）というが、これによって街は強い価値観をもつようになるという（吉見 1987, pp.298-299）。

どういうことか筆者なりに説明を加えたい。渋谷がファッションの街となれば、ファッションに敏感な人が集まってくるようになり、価値観の違う者、す

なわち俗な言葉でいえば「ダサい」人は自然排除されるようになる。いまでは
その性質は薄れてきているものの、それでも渋谷や原宿などに行くとき、気後
れしたり、「流行の洋服を着ていかなければ」と気負ったりする人がいるかも
しれない。そう感じさせる何かがあるとすれば、それこそが街が価値観をもっ
ているということになる。ここにはファッションに敏感な人だけを集めようと
する力が働いているのだ。

（3）600メートルショップ

　デパートとは、以上でみたように、そのルーツを博覧会にみいだすことがで
きる店舗である。したがって①ありとあらゆる多様なモノを集め、②多くの人
が来店しやすい場所に位置するような店が、売り上げをのばすことができると
推測される。ところが、パルコは駅から数百メートルも離れたところに位置し、
しかも、大半はファッション関係のショップで埋め尽くされた店舗である。こ
うしたデパートを600メートルショップという。

　駅前デパートが「いかに入りやすい店」かが経営のポイントであるのにたい
して、600メートルショップの戦略は、「いかに入りにくい店」をつくるかにあ
るという。ブランドのイメージに合うごく限られた人だけに服を提供すること
でブランド力を高める戦略である。実際、1980年代の渋谷パルコ内には、よほ
どおしゃれな人でなければ、入るのがはばかられるような雰囲気のショップが
多々みられたのであった。駅から数百メートルも離れた店舗は、経営上の不利
を抱えていると考えられるが、それを逆手にとってマーケットをつくり出した
のであった。

（4）ステージ性を備えた街

　とくに1980年代半ばのDCブランドブーム[4]の時代、渋谷駅からパルコま
での道のりは、ブランド服に身を固めた若者たちが自らのファッションセンス
を披露するステージであったといえる。600メートルショップは、服を売るだ
けでなく、駅から店までの間にそれを披露する場を提供していたということが

できる。かくして、公園通りは、ファッションショーのステージさながらの様相を呈することになったのである。

　「すれちがう人が美しい——渋谷＝公園通り」

　この言葉は、パルコのキャッチコピーであるが、公園通りのステージ性が意識されているとみてよいだろう。

　すれちがう人と人とがお互いが主役であり、また、相手を見る観客でもあるという劇場的な空間づくりが意図されていたといえる。

　それは、ブランド服で身を固めた若者同士がお互いに相手を見、また同時に自分も見られるような——主役であり、観客であるような——ステージであったといっても過言ではない。渋谷駅から数百メートル離れた立地であっても、おしゃれな服装を披露するのにちょうどいい距離なのであった。そして渋谷から原宿に通じる公園通りは、週末を中心に大勢の人が集まる空間となった。このようにデパートの戦略は、もはや店舗経営だけに収まらず街にまで及んでいる。ここでは、自己のイメージを買うために消費をするだけでなく、実際に自分がイメージにふさわしい者であることを他者から承認される場所——ステージとしての公園通り——が用意されたことになる。

4．デパートの進化と消費者としてのカラダ

　本章ではやや乱暴ながら、おもに吉見俊哉の著作をデパートの進化と消費者のカラダの形成という観点から読み解いてきた。急いで付け加えなければならないが、吉見俊哉の著作の射程は、本章で扱った論点にとどまらず、はるかに遠い地点まで及んでいる。たとえば盛り場の中心が浅草から上野そして銀座へ、また、新宿から渋谷へと移行するという中心的なテーマについては、本書ではほとんど扱っていない。読者の方には、ぜひとも原作を読んでいただきたい。

　とはいえ、本章でとりあげた消費者のカラダという角度からも、豊かな示唆が得られる。①博覧会や②デパート（ショーウインドウ）、③渋谷の街（とくにパルコ

から公園通り)という社会的装置が用意され、そこに私たちが関与することによって、消費者としての私たちのカラダ、ここではとくに視線のありようがつくられてきたとみることができる。

　第一の視線とは、博覧会の陳列されたおびただしいものを前に、〈比較〉・〈選別〉する視線である。第二の視線とは、憧れへの視線は、同時に自分自身にも向けられる、というショーウインドウのアナロジーで論じられたもの。第三の視線は、セグメント化された街に出現したステージとしての公園通りで、視線を浴びる主役であり、視線を投げかける観客でもあるという状況でのもの。もちろんこれらは、完全に次の段階に取ってかわられるというものでもなく、重層的に重なりながら存続しているとみるべきであろう。

　ところで、第一の段階では、私たち消費者がモノを選別するという状況にあった。ところが第三の段階に至っては、セグメント化された街で選別されるのは消費者の側であり、選別に通過した者だけが役者としての地位を承認される。ファッションの街渋谷では「ダサい」格好をした者は受け入れられず、ほかにも六本木では夜遊びの「いろは」を知らない者は街から疎外されるというような状況が生起したのであった。遊びの「いろは」を知らない者が疎外されるという点では、伝統的なセグメント化されたマーケットの街である京都・祇園などでは昔から起きていたようなことかもしれない。しかしながら、若者文化のありとあらゆる場所で、このようなことが起きてきつつあるということには注目をすべきであろう。

　消費のあり方は、モノを買う段階から、モノを買うことを通じて自分自身のイメージを買う段階、さらに、ある社会的シーンに参加するために衣装や小道具としてのモノを買う段階へと展開してきたとみてよいだろう。

【注】
(1) 百貨店は、直接的にはハロッズやワナメーカーなどの海外のデパートメントストアを範としてつくられたものであった。しかし、社会的にみれば勧工場が百貨店へと取ってかわられるプロセスがあったとみるべきなのである。

（2）ナルキッソスとは、いわば初代ナルシスト。彼は、ギリシャ神話の登場人物で、水に映った自分の姿に一目惚れしてしまう。そこから自意識過剰な人をナルシストと呼ぶようになった。

（3）多田道太郎によるこの一節は、渋谷の特質を的確に言い当てたものであり、難波効士が「広告化する都市空間の現在」という論考に引用している（難波 1996, p.233）。

（4）DC とは、デザイナーズ・アンド・キャラクターズの略で、DC ブランドとはデザイナーや企業が方向性を打ち出して企画化されたブランドのこと。1980年代の DC ブランド服は、奇抜なものも多く、地元の街で着ていると完全に浮いてしまうようなデザインのものもあった。ところが渋谷には、そうした服をまとう若者が大勢集っており、大げさにいえば、それについて行けない者は疎外されるという状況が生起していた。

【参 考 文 献】

吉見俊哉　1987『都市のドラマトゥルギー──東京・盛り場の社会史』弘文堂

吉見俊哉　1996「近代空間としての百貨店」吉見俊哉編『都市の空間　都市の身体（21世紀の都市社会学）』勁草書房　pp.137-164

難波効士　1996「広告化する都市空間の現在──西武流通（セゾン）グループの軌跡を事例として」吉見俊哉編『都市の空間　都市の身体（21世紀の都市社会学）』勁草書房　pp.233-262

Bowlby, Rachel 1985 *Just Looking : Consumer Culture in Dreiser*, Gissing and Zola. 訳書 1989　高山宏訳『ちょっと見るだけ』ありな書房

Book ガイド

吉見俊哉　1987『都市のドラマトゥルギー──東京・盛り場の社会史』弘文堂：本章のベースとなった本。都市という空間を人々がどのように上演するのかという視座から盛り場の変遷（浅草・上野・銀座、新宿・渋谷）をみていく大作である。それは同時に日本における消費社会の発展をそこに生きる人々の身体性を含めて捉えることにほかならない。筆者の学生時代のバイブル的書籍であった。

北田暁大　2011『増補　広告都市・東京：その誕生と死』ちくま学芸文庫：本章で扱ったのは1980年代までの現象であるが、その後、街は大きな変化にさらされる。街はどのように変わっていったか、その変化を的確に捉えた本であるとともに、消費社会論を学ぶのに最適の本といえるだろう。本章で扱った現象についても、広告都市というよりダイナミックな視点から論じられている。

Chapter 2 ディズニーランドと私たちの現実世界

> 　普通の遊園地にはよくあるけれども、ディズニーランドにはないアトラクションは何か？
> 　少しの時間考えてみてほしい。このことはディズニーランドの空間設計の根幹に関わっていて、おとぎの国の演出に非常に重要な意味をもっているからだ。
> 　ディズニーランドが夢の国として、なぜ子どもから大人までに人気があるのか、そこに人を惹きつけるためのどのような仕掛けがあるのか。
> 　結論からいえば、ディズニーランドのしくみをみていくことは、私たちの暮らす現実世界の成り立ちを解き明かすことにつながっている。

1. ディズニーランドの空間戦略

（1）観覧車のない遊園地

　表題に答えが書いてあるのと同じだが、「普通の遊園地にあってディズニーランドにないもの」の答えは、観覧車である。

　観覧車とは、高い場所から景色を楽しむアトラクションである。多くの遊園地にみられ、横浜のMM21地区、神戸のポートピアなど博覧会を機に名物的な大観覧車が構築されて存続している場合もある。塔や気球をはじめとして高い場所からパノラマ的景色を楽しむ娯楽は、19世紀以来、大衆に楽しまれてきた。2012年に完成した東京スカイツリーの賑わいからも明らかなように、このような楽しみは現代にも存続していることがわかる。

　歴史的にみれば庶民が塔に上れるようになり、それが娯楽化していくのは、明治期に入ってからのことである（吉見 1987）。寺院の五重の塔など元来塔とは、

ある資格をもった人のみが上ることができるものであり、庶民は下から眺め上げることしか許されていなかった。1890年に開業した「浅草十二階」は当時の最高の高層建築（約67m）であり、いまの水準からすれば飛び抜けて高いとはいえないかもしれないが、当時の人々はいまの東京スカイツリーのような感覚で当代最高の高所からの眺めを楽しんでいた。塔というのは近代的な視線装置であり、世界を己の眼下において一望する欲望を満たすものとみることができる。

　そうした欲望に応えるべく、なるほど多くの遊園地に観覧車が建設され、風景を一望する娯楽を提供しているのだが、ディズニーランドでは、この重要な娯楽を提供しうるアトラクションを意図的に排除している。したがって、ディズニーランドにはシンデレラ城という高塔もあるが、ここにも上ることはできない。筆者が初めてディズニーランドに行ったのは中学生のときだったが、シンデレラ城に上れないことにたいそう疑問を覚えた。

（2）閉じ込められる視線

　ではなぜディズニーランドに観覧車がないのだろうか？　それは、夢の国に来場者を没入させるために設計されたディズニーランドの空間編成のためである。ディズニーランドにいるとき、私たちはいまいるアトラクションの外の世界を見ることができない。スペース・マウンテン、カリブの海賊、ビッグサンダー・マウンテンなども、その世界にいるときにはその世界のものだけが視界に入るようにできている。ごく例外的に、スプラッシュ・マウンテンで滝に飛び出したときに他の世界が見えるくらいである。このように私たちのまなざしは個々の領域に閉じ込められているのだ。

　ディズニーランドが私たちのまなざしを個々の領域に閉じ込めておくことの究極的な理由は、その夢の国の一部であるはずの場所を現実の場所がもつ土地性・歴史性から切り離すことといえるだろう。簡単にいえば、夢の国にいるときに、そこが浦安であることが確認されないような工夫がなされているということである。観覧車がなく、シンデレラ城に上れない理由もここにあるのであり、もし観覧車から東京湾に臨む浦安の地に映画のセットのような世界がある

ことを一望されたなら、せっかくの夢の国が台無しになってしまうのだ。

吉見俊哉は、まなざしを個々の領域に閉じ込めることによって、夢の国を出現させるやり方を「忘却的幸福」と表現している。いま、没入している世界だけを見せ、外界を忘れさせることで得られる幸せと解釈できるだろう。このことは、後の議論で重要となるので記しておく。

2．夢の国の成り立ち

それでは、自己完結的な空間を有した遊園地はどのようにつくられたのか。ウォルト・ディズニーの先進的な計画をみていこう。

(1) テーマパーク：究極のエンターテイメントとしての遊園地

米国カリフォルニア州ロサンゼルス市郊外にディズニーランドが建設され、開業を迎えたのが1955年のことである。このディズニーランドの建設をめぐっては、さまざまな紆余曲折があったという。少なくとも、ディズニーアニメが人気を博しているから、そのキャラクターを使って遊園地をつくればヒットするだろうというような単純な理由でディズニーランドがつくられたわけではなかった。ウォルトの最初の大規模遊園地建設計画である「ミッキーマウス・パーク」の構想は地元市の大反対を受けるなどして頓挫し、その後のディズニーランド建設においても当初は銀行家の協力を得られなかったという（能登路 1990, pp.54-62）。

当時はそもそも、遊園地（アミューズメント・パーク）は必ずしも良い印象をもたれるような場所ではなかったようで、ウォルト自身も「汚く、ちゃちで、人相の悪い人間が運営している場所」（能登路 1990, p.60）というイメージを有していた。地元市や銀行家の反対もまた、こうした遊園地のもつマイナスイメージが要因の一つとなっていたと考えられる。これにたいしてウォルトが構想していたのは、既存のものとは全く異なった新しい遊園地——テーマパーク——を地球上につくりあげることであった。

その新しい遊園地のコンセプトとは、子ども相手の遊園地でなく、大人も楽しめる遊園地をつくるということであった。このときウォルトが対象にしていたのは「すべての人間のなかに潜む『子ども性』ともいうべき部分」であり、ディズニーランドのねらいは「あらゆる年齢の子供のための『地上で一番幸せな場所（ザ・ハッピエスト・プレース・オン・アース）』」を実現することだったという（能登路 1990, p.31）。ウォルトが、ディズニーランドにおいて「お客さんには現実の世界を見てほしくない。別の世界にいるのだという実感をもってほしい」（能登路 1990, pp.31-32）と語っていることからもわかるように、彼は「日常性を完全に遮断した空想の世界」（能登路 1990, p.31）をディズニーランドに現出させようとしていたのだった。すでに私たちは、東京ディズニーランドにおいて、ファンタジーの世界を演出するにあたり、浦安という土地性を感じさせないつくりがあることをみてきたが、そうした別世界をつくるというコンセプトは当初のウォルトの構想に含まれていたのだった。

　ウォルトの本職は映画のプロデューサーであり、映画のセットの手法をディズニーランドに利用した。たとえば米国ディズニーランドのメインストリートの建物は、実際の8分の7の大きさにつくられており、しかも、二階部分が8分の5、三階部分が8分4となることで独特のサイズ感、遠近感がつくり出され「街並み全部が見る者の視界のなかに心地よくおさまり、人々を安全で甘美な過去に誘い込む」効果を発揮しているという（能登路 1990, p.40）。こうした仕掛けはディズニーランド全体に施されており、能登路によれば、そうした空間が現出することによって「二次元の画面を眺めるただの『見物人』を三次元空間の『参加者』に仕立てあげる」（能登路 1990, p.41）というディズニーの基本的発想を具現化させている。このようにウォルトは――アニメにおいては観客は見物人どまりであるが、ディズニーランドでは夢の国の参加者として、対象への関わりを高めることができるという意味で――ディズニーランドという遊園地を究極のエンターテイメントとして位置づけていたように思われる。

　三次元空間のエンターテイメントは、ややもすればちゃちな作り物となり失敗してしまう危険性もある。しかしながら、ディズニーランドでは、それを構

成するファンタジーランド、トゥモローランド、アドベンチャーランドなど、それぞれのテーマにそって、建築、造園、登場人物、販売する物品、従業員の制服、レストランのメニュー、さらにはゴミ箱のかたちに至るまで、全要素がバランスよく調和し一つの世界をつくり出すように設計されており、参加者を夢の国に移入させることが可能となっていた（能登路 1990, p.42）。このような遊園地のことをテーマパークというが、まさにウォルトこそがそうした場の創造をリードした一人である。

（2）関わることのできるファンタジー：Giving Shape の愉しみ

テーマパークを具現化することによって、ウォルトは人々を夢の国の参加者にすることに見事に成功したとみてよい。それは現代の東京ディズニーランドにもあてはまる。東京ディズニーランドでは、さまざまなキャラクターの着ぐるみが歩いているが、ここでも同時に二体のミッキーマウスが存在しないように工夫され、出会ったときのプレミアム感を演出している。そうした工夫もあって、東京ディズニーランドでミッキーマウスに出会った人はそれを着ぐるみだとわかっていても思わず「ミッキーだ！」と言ってしまう。それに、人々はこの場所で「着ぐるみのミッキーだ」などということがどれだけ野暮なことなのかをよく知っている。

このように人々は夢の国を楽しむ際の流儀を心得ており、着ぐるみであることは知りつつも①イメージの世界にしかなかったキャラクターが、かたちを与えられて現実の世界に登場し、しかも②それに自分が関わることができるスペクタクルとしてディズニーランドを楽しんでいると考えられる。そこでは、混雑時にアトラクションに長時間、行列する経験ですら、夢の国の賑わいに参加する祝祭的経験になっているのかもしれない。もしディズニーランドが閑散としていたら、かえってファンタジー性が半減してしまうのではなかろうか。このように人々の側もまた一定の流儀をもって夢の国へと参加しており、テーマパークの仕掛けとあいまって究極のエンターテイメントとしての夢の国が成立していると考えられる。

ディズニーは、空想の世界にかたちを与える所作に優れている。アニメ化され動きを与えられたミッキーマウスは、全世界に衝撃を与えた。そして、そのアニメの世界は、ディズニーランドとして現実の世界にかたちを与えられることになった。この空想世界からアニメへ、アニメから現実世界へという流れは、VR（Virtual Reality：バーチャル・リアリティ）——現実の世界をコンピュータの映像世界でシミュレートすること——とは逆方向の展開であり、暫定的に名づければ、いわばGS（Giving-Shape：形を与えて現実に近い形にしていくこと）とでも呼ぶべき動きである。近年、アニメ作品を精巧に三次元化したフィギュアやコスプレといったものが注目を集めているが、これらもGSの動きとみることができる。

　アニメのキャラクターを題材にしたフィギュアは1990年代後半以降、一般の人にも知られるほどのブームになってきており、ゲームセンターのクレーンゲーム機の景品などにもなっている。造形からカラーリングに至るまで実に精巧にできており、たとえばアニメキャラには複雑な髪型をしているものがみられるが、見事にフィギュア化され、正面から見ても横顔を見てもアニメの画像と整合するようにできている。1980年代のプラモデルなどにも、キャラクターのフィギュアがなかったわけではないが、一世を風靡したガンダムシリーズでもフィギュアにおいてはアニメとの落差を感じる出来栄えであった。現代の精巧なフィギュアは、映像世界に閉じ込められているキャラクターを三次元に連れ出し、見る者にある種の参加の感覚をもたらしている。またアニメやゲームのキャラクターの服装をするコスプレ（コスチューム・プレイ）も同様の楽しみであり、自分がキャラクターになりきることによって、アニメの世界への関わりを深める所作とみることができる。ときにこれらの趣味は、その関わり方の流儀を知らない者には「さむい」「キモい」といった感覚が喚起されることがあるかもしれない。しかしそれは部外者に特有の感覚であり、その流儀を知っている者にとっては、作品世界に深く関わることができる輝かしい経験となっている。

　原作の作品世界に形を与えることで、自分のなかにある原作イメージをより

深化させていく試みは、古くはごっこ遊びやプラモデルにみられるように近年始まったというわけではない。しかし、近年、フィギュアは精巧化し、コスプレはイベント化するなど、私たちの想像力を高め作品世界への参加度を高めるような動きが活発化してきている。ディズニーによるテーマパークの構想は、現代的なメディア・ムーブメントの原型ともみることができる。

3．ディズニーランドの世界観：何が人々を惹きつけるのか

　ディズニーの世界に人々が感じる夢と憧れは、来場者のモチベーションの源泉となっている。ディズニーランドに年に何度も行くリピーターも数多く存在しており、そうした人によれば、行くたびに新たな発見があるという。夢の国の一員になるという感覚が、テーマパークを祝祭的な経験へと昇華させていると考えられる。これは、来場者だけでなく、ディズニーランドの従業員であるキャストにもあてはまる。非常に高いモチベーションを有しているが、その理由はキャストという呼称が示しているように彼／彼女らも夢の国を演じる経験を味わっていることが一因となっているように思われる。

　このように人々に演じる楽しさを提供する夢の国は、どのような世界なのだろうか。ここでは、その点について現代の東京ディズニーランドのいくつかの主要領域についてみていきたい。

(1)〈かわいい〉が満載：ファンタジーランド

　ファンタジーランドは、夢の国の中心であり、アニメーションのディズニーの世界である。ミッキーマウス、ドナルドダック、くまのプーさん、シンデレラ、そして白雪姫など、〈かわいい〉キャラクターたちが登場する。ここは、〈かわいい〉が満載の世界となっており、当然ながらディズニーの夢の国の魅力の中心をなしている。

　ディズニーの物語は、その原作をよりメルヘンチックになるよう変更が施され、しかも、アニメーションのきらびやかな演出を加えてファンタジー性が強

調されている。原作であるヨーロッパの民話には、おどろおどろしい側面があり、子どもへの悪影響が懸念されることさえある。それをディズニーはハッピーエンド化するなど、かわいらしい夢の世界に変更し作品化しているのだが、この変更は成功を収め、長きにわたって世界中の子どもたちを惹きつけてきた。

だが、何でもかんでも〈かわいい〉形にして取り入れてしまうディズニーのやり方には、一定の批判があることに触れておく必要がある。民話特有の世界観がごっそり抜け落ちて、単純なハッピーエンドの結末を迎えるような話に変換される白雪姫や人魚姫については、とくに批判が向けられている。

たとえば吉見は、ディズニーの白雪姫について①民話では姫に毒リンゴを食べさせようとする魔法使いは姫の実の母である王妃が変装した姿であるのだが、ディズニー版では別人になっていること、②森の七人の小人は、本来は妖怪に近い存在であるものの、ディズニー版ではその異形性は失われペット的なかわいい存在になっていること、③王妃が灼熱の鉄の靴を履かされ踊り狂いながら死ぬという壮絶なラストシーンが割愛されていることなどの変更が施されることで、死と再生といった民話的な時間の物語が、王子のキスを待つ乙女の時間の物語に変換されてしまっていると指摘する（吉見 1996, p.61）。

ディズニーに取り込まれた物語は、その背景の文化やその本質的部分をも排除され、いわば〈かわいい〉存在として飼い慣らされてしまうということになる。物語の本質をもねじ曲げて〈かわいい〉存在にしてしまうディズニーのやり方にたいして、「無邪気な表情の下に狡猾なイデオロギー的抑圧を隠している」（吉見 1996, p.59）という見方ができるのだ。

（2）米国的ノスタルジー：フロンティアランド

ウォルトがディズニーランドを建設しようとしたとき、テーマとして参照したのはディズニー・アニメの世界だけではなかった。開拓期の古き良きアメリカのイメージもまたディズニーランドに通底するモチーフとなっている。『トム・ソーヤーの冒険』に代表されるマーク・トウェインの小説は米国の人々のノスタルジーを喚起するものであるが、その舞台となったミズーリ州はウォルトが

幼少時代を過ごした地でもあった。米国ディズニーランドのフロンティアランドというゾーンには、トムソーヤ島があり「蒸気船マークトウェイン号」が浮かぶ。これらは、入場後のメインストリート「メインストリートUSA」と並んで、まさに米国人のノスタルジーを喚起させるものとみてよい。

ディズニーランドは、マクドナルドなどと並んで米国の資本主義を象徴する場ということができるが、ことディズニーランドにおいては、米国の開拓史がモチーフとなっていることも手伝って、訪れる人に米国なるものに触れる経験を提供している。米国を訪れた国賓がディズニーランドに招かれることが多々あったのも、ここが米国なるものを色濃く湛える場であったためと考えられる。

だが、ディズニーランドがノスタルジーを喚起させるといっても、ディズニーランドが私たちを過去の米国に引き戻すという理解は正しくないのかもしれない。吉見俊哉が鋭く指摘するように、むしろディズニーランドを支配しているは「絶えざる現在の反復」とみるべきであろう（吉見 1996, p.63）。ウェスタンランド、アドベンチャーランド、トゥモローランドといった領域は、アメリカの開拓史にみられるフロンティアの経験をモチーフにしたものだという。ウェスタンランドは、米国内の未踏地（いわゆる西部開拓など：筆者注）、アドベンチャーランドは地球規模の未開地、トゥモローランドは宇宙開発の未来を示していると吉見は指摘する（吉見 1996, pp.58-59）。

開拓とは、まだ未開の地が目の前にあり、それと対峙しつつ自分たちの土地を切り開いていく経験であり、そこには発展や進歩が待っている。ディズニーランドの3つの領域は、むしろ、すべて同型の経験──「これから開拓が始まるのだ」という希望に満ちた現在なるもの──を提供しているということになる。ディズニーランドの世界にあるのは、過去や未来に旅する時間ではなく、いま現在の幸福や充実を味わう時間であるということができるのかもしれない。

4．ディズニーランドから街へ

独特の空間編成を用いることにより、夢の国を現実世界に出現させるディズ

ニーランドの戦略は、現代社会ではテーマパークに限らず、私たちが暮らす街の設計にも用いられつつあるという。その場所のもつ土地性・歴史性を切り離して、別の文脈のイメージにより新しい街づくりを行うということが、すでに私たちの暮らす世界で起きているというのである。

たとえば、若林幹夫（1998）が指摘するように日本においても多摩丘陵に位置する「ベルコリーヌ南大沢」は、イタリア山岳都市風の町並みが広がる美しい住宅街である。南大沢の地とイタリア風の都市との間には直接的な関連性や脈絡はないのであるが、人々を惹きつけるロマンティックなイメージをもとに設計がなされている。実際、その住人たちは、そのコンセプトを気に入って生活しているという。ほかにも横浜のマンション「シティ能見台」では、地中海都市のイメージをもとに建設がなされ、地中海風の塔がある広場が設けられたり、植栽が工夫されていたりしている。

これらの街は、もともとの土地とは必然的な関わりをもたない異国的なイメージが付与されつつ開発が行われたが、それが一定程度、住宅購入者の食指を動かしたとみることができる。いまや住宅購入者が求める憧れの生活の一つのかたちとは、このようなイメージの世界に参加し、その世界の一員を演じることになりつつあるといえるのかもしれない。これまでの議論を踏まえれば、それは日常生活でありながら、同時にディズニーランド的なエンターテイメント経験になっているといえそうだ。ディズニーランド的な空間編成は、すでに現実世界の居住空間にも波及しているのである。

ここで土地性・歴史性を切り離した住宅開発がなされる背景について考えていこう。若林は、首都圏における住宅開発の際に、ある意味過剰なイメージ付与がなされる一方で、土地においては物件化という現象が進行していると指摘している。物件化とは、その土地がもつ固有の歴史性や土地性が価値をもつのではなく、現在の土地の価値は、都心からの距離と最寄り駅からの距離によって住宅物件としての基礎的な評価が決まるような状況を指す。たとえば、都心から30分・最寄り駅から徒歩10分のいくつかの土地が住宅開発者／住宅購入者にとって等価に感じられるような状況であり、現在、そうしたリアリティは拡

大しつつあるといってよいだろう。土地自体においては、空疎なのっぺらぼう化が進んでいるとみることができる。

　近年では、個々の住宅地に過剰なイメージ付与がなされるというよりも、不動産会社によるブランディングがなされることによって、どの土地にも高級なマンションによる上質な経験があるというような意味付与がなされているように思われる。たとえば大手不動産デベロッパーは「ザ・パークハウス」（三菱地所レジデンス）、「パークホームズ」（三井不動産レジデンス）、「シティハウス」（住友不動産）、「プラウド」（野村不動産）といったブランドを展開している。どの土地であっても、これらのブランドを冠した物件では、それに見合った一定のクオリティを保証するという販売戦略が採られており、さらなる高級物件では「ザ・パークハウス　グラン」（三菱地所レジデンス）、「グランドヒルズ」（住友不動産）などの別のゴージャスなブランド名が割り振られ、建物の構造から内装に至るまでクオリティがさらに高められている。都心の超高級住宅街以外では、土地性を強調するというよりも、土地の物件化・のっぺらぼう化を前提にどの土地においても、これらのブランドの住宅が上質の生活を提供するというような販売戦略となっているように思われる。したがってかつては、それほど土地柄が良いとはみなされていなかった場所に、大手デベロッパーによるマンション開発がなされ、高収入ホワイトカラー層が移り住んできた例もある。居住者たちは、その土地のもつイメージよりもマンションのブランド・コンセプトにもとづく洗練されたイメージの世界に住まおうとしているのであり、やはり土地性を忘却させるような力学が働いているとみてよいだろう。

Book ガイド

能登路雅子　1990『ディズニーランドという聖地』岩波新書：本章でも多くの引用をしたように、米国カリフォルニアのディズニーランドがどのようにでき上がったのか、魔法の国であり聖地ともいうべき遊園地の成立を理解することができる。さらに、フロリダのディズニーワールドや日本のディズニーランドへの展開も知ることができる。和書にてディズニーランドの成り立ちを知るには、まずこの本をあたるべき。

吉見俊哉　1996『リアリティ・トランジット――情報消費社会の現在』紀伊國屋書店：ディズニーランドにかんする2つの論文が収められている。吉見のディズニーランド論は、ディズニーランド自体にとどまらず、それが私たちの社会のありようと不可分に結びついていることを論じている。鋭い社会学的視座を備えたディズニーランド論。

　他の論文も情報消費社会のありようを知り、問題について考える上で、示唆に富んだものとなっている。

近森高明・工藤保則編著　2013『無印都市の社会学――どこにでもある日常空間をフィールドワークする』法律文化社：本章では扱いきれなかったが、いわゆる土地の「のっぺらぼう化」現象の帰結としては、都市経験が画一的になっていく状況がある。たとえば、その典型例がショッピングモールであり、フランチャイズ店が軒を連ね、どこであっても全くといってよいほど同型の施設となっている。この本では、こうした画一化しつつある都市を「無印都市」と名づけ、さまざまな側面からフィールドワークしたテキストブック。いつもの日常が社会学的な視線から描かれるとこのようになる。

Chapter 3 鉄道旅行の考古学
新技術と私たちのカラダ

> 　私たちの社会には、常に新技術が登場し、生活を豊かにしてくれている。しかし、新技術が出現したとき、同時に私たちは、それが自分たちに悪影響をもたらすのではないかという危惧を感じたり、そうした批判を目にすることがある。たとえば、テレビゲームをめぐっては、子どもたちの現実感覚をおかしくさせるのではないか、また、携帯電話やネットをめぐっては、人間関係を希薄化させるのではないか、などといわれている。
> 　新技術が登場したとき、それを私たちはどのように受け入れていくのか、また、新技術は私たちにどのような影響をもたらすといえるのだろうか。これを考えるケーススタディとして、19世紀初頭に登場した鉄道と私たちのカラダとの関係をみていきたい。文化学者のウォルフガング・シベルブシュの著書『鉄道旅行の歴史——19世紀における空間と時間の工業化』からは、鉄道が19世紀に新技術として登場した際、テレビゲームや携帯電話に寄せられているのと同型の危惧や批判があったことに驚かされる。いまから約150年も前の話である。

1. 昔の人のカラダと鉄道との遭遇

　Chapter1でも扱ったように、歴史を遡ることは私たちに新鮮な驚きをもたらしてくれる。私たちにとって鉄道とは、どちらかというと新鮮味のないオールド・テクノロジーであり、鉄道旅行といえば、比較的ゆったりとした旅だと感じられる。また、普段から鉄道で通学や通勤をしている人も多いが、鉄道が自分の知覚や健康に何か影響を及ぼすと考えている人は少ないにちがいない。しかし、鉄道が新技術だった時代に遡ってみれば、鉄道は人類にこれまでなか

ったスピードを経験させるものであり、知覚の変調をも呼び起こしかねないものと考えられていたのだった。

(1) 風景の喪失

当時の人々は、鉄道旅行をどのように経験したのだろうか。早速、いくつかの鉄道旅行にかんする言説をみていこう。

> 「一番近くにある対象、木とか小屋とかいったものは、全く区別がつかない。振り返ってその方を見ようとすると、それはもうとうに過ぎ去っている。」（ヤーコブ・ブルクハルト・1840年）（シベルブシュ 1977：1982, p.72)

> 「機関士が、もしあるものに到着する以前に、それに注意を向けていれば、かなりよくそれを認識するだろう。だが通りすがりにその方に顔を向ければ、ほとんどそれを知覚することはできないだろう」（ジョージ・スティーブンソン・1841年）（シベルブシュ 1977：1982, p.72)

21世紀を生きる私たちにとっては、これらの言説はきわめて奇異に映る。鉄道旅行に出かけた人に旅の感想を尋ねたとき、「鉄道は線路の近くのものが見えないね」などという答えが返ってくることは、ほとんどありえないからだ。しかしながら、シベルブシュによれば、鉄道旅行の初期の頃には、多くの記録が「大ざっぱな輪郭以外に、通過してゆく風景の中の何かを認識することの困難さ」（シベルブシュ 1977：1982, p.72）に言及しているという。

これらの言説をみるに、私たちとは違う知覚（本書でいうところのカラダ）をもった人がいることに気づかされる。旧い知覚を有している人々は、私たちが通常していないようなやり方で車窓を眺め、線路のごく近くばかりを見ようとしている。そうした見方をしている人は多かったようであり、1838年のある書物では、そうした人にたいして「路上にたたずむ人を、その側を通過する際に認識することは、最高速度の場合には、不可能である」（シベルブシュ 1977：1982, pp.72-73）とした上で、別様の見方をする提案がなされている。

第3章 鉄道旅行の考古学

> 「目の良い人は……進行中に提示されてくれるものを少し距離を保って観察するように習慣づけること、そうすれば、最高速度に達しているときでも、すこしばかりの観察力さえあれば、見失うものは一つもないだろう」（シベルブシュ 1977：1982, pp.72-73）

　客室にいる乗客にとっては、線路の近くのものから物理的に距離をとって観察することは不可能であるから、「少し距離を保って観察するように習慣づけること」とは、「距離を保って（いるうちに）観察できるものを見よ」ということになる。これは、現代を生きる私たちが普段何気なくしているような見方——私たちには、それができるカラダがある——であり、かつては「それをせよ」という提案がなされなければ、できなかったことなのである。

（2）馬車の旅のカラダと鉄道への批判

　当時の人々が前提とした旅とは、馬車での旅行だったと考えられる。ここでは、通過する空間との親密な関係が保たれており、通りがかりの人とのコミュニケーションも生じたり、匂いや空気を感じたりすることもできたと考えられる。そうした馬車の旅を豊かな旅と位置づけている人にとっては、鉄道とは、それらの豊かさを失わせるものにほかならなかった。
　ジョン・ラスキンは、鉄道嫌いの代表ともいうべき人で産業革命以前の旅の豊かな味わいが、鉄道によってどれほどつまらないものになってしまったのかを力説していた。

> 「それまで、目にしていなかった道端の一軒家が、街道の曲がり角にあるというだけで、われわれには十分な気分になるのである。速く動いていて、しかも一度に二軒の家を『受け入れ』ねばならぬということは、それだけでもう度が過ぎる。それゆえ感情の釣り合いのとれている人にとっては、一日10ないし12マイル程度のゆっくりとした街道上の旅が、もっとも快適な旅なのだ。つまり旅は、速度と正確に比例してばかばかしいものとなる。」（シベルブシュ 1977：1982, p.75）

鉄道旅行の初期の頃には、人々は馬車の旅のカラダのまま、鉄道に乗った。そうした感覚の人からすれば、近くのものをまず見て、同時に遠くのものも視界に入れるという見方が当たり前なのであり、前述の（鉄道に乗ったときには）「少し距離を保って観察するように習慣づけること」は、大切な風景を見捨てることにほかならなかったと考えられる。付言すれば、鉄道が旅人から前景を奪ったということも指摘された。前に進む奥行きある風景が、鉄道の車窓からの風景には失われたというのである。昔のカラダをもつ人にとって鉄道旅行とは、馬車の旅で大切にしていたものを台無しにする経験だったとみることができる。

　当時、鉄道旅行のつまらなさを描いた風刺画が描かれたという。旅の間、爆睡する人、車窓にはものすごい速さで風景が流れ去っているような画だ。馬車の旅行であれば、道程で何かに出会い、すれ違うこと、これこそが旅の中心にあったものなのであるが、かたや鉄道旅行では、そうした豊かな時間は単なる居眠りをする（目的地に着くまでの）空白の時間となってしまい、目的地に到着することだけが旅の目的になってしまったというのである。

　しかし、シベルブシュは「こうしたばかばかしさと退屈さは、風景と親密だった伝統的な旅での知覚を、そのまま鉄道でも転用しようとする試みが、負担過重と疲労のため失敗した後の反動」[1]と位置づけ、そうした古き良き旅を愛する人々のもつノスタルジーにたいして「技術の歩みに適応する見方を培うことのできぬこの無能ぶり」と表現している。

2．新しいカラダと風景の湧出

　このように、最初は鉄道にカラダがついていっていなかったのであるが、しばらくすると技術の歩みに適応するカラダをもった人々が登場してくる。シベルブシュは、「昔の旅に恋々としている意識には（風景の）喪失と写った（ママ）ものが、新しい知覚を備えたものには（風景の）湧出と写る」（シベルブシュ 1977：1982, p.77）と指摘している。具体的に19世紀半ば頃までに登場した新しい感覚をみていこう。

「英国の美しさは夢のようで、したがって夢と消えないでほしいと思うくらいだ。それは、機関車に引っ張られて、40マイルのスピードで突っ走るときが、一番魅力的に見える。近くにあるものは、飛び去ってゆくように見えるが、遠くにある野原や木々は見るものから逃れたりはせず、十分長い間視野にあって、消えぬ印象を残してくれる。すべてが静かで新鮮で、まるで我が家にいるようで、特別人目を引きつけたり、魅力のある全体から注意をそらさせたりするものは一つもない。」1853年のアメリカ人の旅の報告（シベルブシュ 1977：1982, pp.77-78）

「ごく数時間の間に、鉄道はフランス全土をあなたに上演して見せ、あなたの眼前に全パノラマを繰り広げる。愛すべき画像と、いつも新たな驚きとの、速やかな連続である。……鉄道には、細部を望まず、生の漲る全体を望むことだ。鉄道は、こうして色彩的手腕であなたを魅了したあとで、停り、そしてあなたの目的地で、あなたを放逸するのである。」1860年頃・ジュール・クラレシー（シベルブシュ 1977：1982, pp.78-79）

　新たに登場したのは、1853年のアメリカ人の旅の報告にみるように遠くにある風景を愛でる見方である。そうした見方ができる者にとっては、40マイルのスピードで突っ走るときには、消えぬ印象を残してくれる風景がつぎつぎに展開していくように見えたにちがいない。
　フランスの新聞記者で評論家のジュール・クラレシーも、「細部をのぞまず、生の漲る全体を望む」やり方をすることで、「愛すべき画像と、いつも新たな驚きとの、速やかな連続」を得られると指摘している。このとき、彼が言及するパノラマというのは、当時の鉄道にまつわる知覚を知る上で重要な意味をもっている。
　こうした捉え方は、かつて鉄道嫌いのジョン・ラスキンが感じたような風景の喪失や、近くの対象が見えないというような見方と根本的に異なった知覚が登場していることを指し示している。このとき、パノラマ的な見え方とは、新しい知覚＝カラダをもった者たち特有のもので、いわば「以前は旅人がその一部であった空間から、旅人を分かつ」ものであり、「パノラマ的にものを見る目は、知覚される対象ともはや同一空間に属していない」とシベルブシュは指

摘する（シベルブシュ 1977：1982, p.80)。ラスキン流の伝統的な旅の知覚とは、旅人と風景が同一の空間に属していることを前提としており、それゆえラスキンには、鉄道が「通過する場所と風景との親密な関係を失わせるもの」――近くのものが見えない、風景が失われる――と映った。だが、新しいカラダをもった人においては、そのような親密な関係は消失したのではなく、はじめから存在せず、いわば近くの景色を予め見ないことが彼／彼女らにとっての正常の感覚となっている。それが、旅人と風景の間を連続的につないでいた距離感を失わせることにつながり、新しいカラダをもった人にとっては、風景がパノラマ的に感じられるということなのである。

3．鉄道旅行の病理

　現代でも新技術と病理ないしは健康との関係がよく問題視される。テレビゲームが子どもの眼を悪くさせる、携帯電話の電波が人の健康を損ねるなどである。150年ほど前、鉄道が引き起こす病理についても多くの議論がみられた。新技術は、人類にこれまでなかった経験をさせるものであるから、未曾有の危機が待っている可能性があるというような危惧が感じられやすい。鉄道の病理の一つは、その振動が原因で起こる機関士病というもので、当時は社会問題化したというが、現代においてはほとんど問題にされていない。現在、多くの人が電車の振動にさらされながら、通勤通学をしているのであるが、そうした病理を問題にする人はほとんどいないにちがいない。もちろん、アスベスト（石綿）のように、夢の新材料とみなされていたものが、後に非常に危険な物質であることがわかる例もあるから、新技術による病理がすべて杞憂であるなどというつもりはない。ここでは新技術が社会に受け入れられるときに、新技術が人間のカラダに病を引き起こさせるのではないかという危惧を伴いやすいということをみていきたいのだ。

　鉄道は、確かにそれまでの乗り物とは違う種類の振動をもたらすものであった。それは「短くしかも速やかに次々に起こる……（中略）……連続する振動

状態」であり、「道路上の馬車旅行中の振動とは全く異なる」ものであった（シベルブシュ 1977：1982, p.150）。たとえば、1857年には、ドシュエンらによって、この振動が「疲労と無気力感を伴う永続性の漠とした苦痛感」を特徴とする機関士病の原因となっていることが指摘され、1862年には、医学専門誌である『ランセット』に「機関車乗務員と列車乗務員とに確認したのと同じ事が、旅行客にも原則的にあてはまることが実証」された論文が掲載されたという（シベルブシュ 1977：1982, pp.150-151）。ここではその検証結果そのものよりも、機関士病が乗務員のみならず旅行客にも適用されると認識されていたことが重要なのである。具体的には、産業革命以前の旅の場合とは比較にならない列車の速度によって速やかに変化する視覚イメージが、眼に過度の負担をかけること、また、絶えず押し寄せてくる騒音を処理しなければならない聴覚にも同様の負担があること、など全器官が消耗していると考えられていたという（シベルブシュ 1977：1982, p.152）。

当事、振動への対策として、クッション入りの椅子の重要性が訴えられたというが、クッションの機能性への着目は時代を経るに従って消えていったという（シベルブシュ 1977：1982, p.157）。現代の鉄道は当時のものよりも振動は和らげられているのかもしれない。しかし、通勤列車であっても鉄道は高速化されており、依然として私たちのカラダは振動を受け、景色の流れはいっそう速くなり、騒音にも曝され続けている。ところが、鉄道が原因で私たちのカラダの全器官が消耗しているというような批判を、現代ではほとんど聞かない。

付言すれば、初期の鉄道には「大惨事が起こりかねない」という不安感がつきまとっていた。ちょうど現代において、飛行機に乗るとき「もし墜落したら生きては帰れないだろう」という考えが頭をよぎるのと同じ現象とみてよい。だが、それは「鉄道がまだ常態となっていなかった時代に感じられた」不安感であり、「19世紀の中頃に文化的にも心理的にも、鉄道が同化されるに及び旅行中のこの不安感は消滅」したという。鉄道事故という悲劇は、現代にまで繰り返し起きているのであるが、いまや乗車中の不安感自体は、ほとんど意識されないレベルに下がってきているといえるだろう。

4．新技術の影響とは

　以上、鉄道が新技術であった頃には、鉄道が私たちの感覚を変調させるとか、風景を失わせ、旅を貧しいものにするといった批判が登場したことをみてきた。ここでは、馬車旅行の時代のカラダを有した人々が、そのままのやり方で新技術での旅を捉えようとした失敗——近くのものが見えないゆえの風景の喪失経験——や、鉄道がまだ新奇であるがゆえに乗るたびに募る大惨事への不安感などがみられた。これらの感覚は、現代を生きる私たちにとっては、すでに解消された問題といえる。鉄道は、私たちにとって飛行機等に比べればゆっくりした乗り物であるし、事故の恐怖感も著しく低い。現代における鉄道は、何かを語るほどのダイナミックさを感じられない技術なのである。

　では、鉄道の影響とは何だったのか。

　鉄道以前の旅では、確かに通過する空間を肌で感じるような密接な関係が存在しており、鉄道の登場によってそうした良好な関係が損なわれたということができる。しかしながら、それは私たちにとっては、すでにカラダの「古層」に埋もれてしまった感覚であり、いわば掘り起こされてはじめて気づくような知覚である。さらに重要なこととしては、鉄道が引き金となって、鉄道が景色を湧出させると捉える新しい知覚（本書でいう新しいカラダ）が登場することとなったことが指摘できる。現代でも、古き良きものを失わせるという新技術への批判がしばしばみられるが、鉄道旅行の事例をみると、たんに良きものの消失にとどまるのではなく、そのさきに新技術と適合的な新しいカラダが生み出されることに注目したい。このことは、古き良きものの喪失という批判が視野に捉えていない影響があるということを意味しているし、それはまた、技術が一方的に私たちに影響を与えるというようにも解釈できないだろう。私たちの側もまた新技術へと適応していくことで、新技術とカラダ（知覚）との新たな関係——風景の喪失ではなく風景の湧出——ができあがるからだ。

　さらに、機関士病という鉄道の振動がもたらす苦痛や疲労についても、当初の批判とは位相の異なったところで病理が認められるようになる。「疲労の生

理学的現象は、最初は散漫で、学問的には無視されたに等しい概念であった」というが、鉄道の発展とともにその重要性が注目されるようになったとシベルブシュは指摘する（シベルブシュ 1977：1982, p.163）。つまり、現代においては、疲労というのは労働に伴って生じるものであり、それは適切に回復させなければならないという常識があるが、そうした考え方は19世紀初頭にはなく、鉄道の普及が一因となって定式化されてきたというのである。

このように、鉄道を悪者にするような批判が登場するが、それは新しいカラダによって乗り越えられたり、あるいは、鉄道を悪者にすることとは位相の異なる、より社会的な問題に昇華されたりするということがみられたのである。

【注】

（1）シベルブシュは「もし、旅行者が、伝来の旅行で培われたような見方をそのままつづけて、……（中略）……遠いものと近いものとを同時に目で捉えようとすれば、疲れてしまうのが落ちである」(pp.72-73) というように捉えている。

【参考文献】

Schivelbusch, Wolfgang 1977 *Geschichte der Eisenbahnreise: Zur Industrialisierung von Raum und Zeit im 19. Jahrhundert.* 訳書1982　加藤二郎訳　『鉄道旅行の歴史——一九世紀における空間と時間の工業化』法政大学出版局

Book ガイド

ヴォルフガング・シベルブシュ　1977：訳書1982　加藤二郎訳『鉄道旅行の歴史——一九世紀における空間と時間の工業化』法政大学出版局：原著の射程は、本章でとりあげた風景にたいする知覚という狭い範囲にとどまらない。鉄道の普及とともに生み出されたパノラマ的視覚は、それ以降発達していく資本主義の娯楽や欲望喚起と適合的な側面がある。鉄道は、都市と地方といった空間的な秩序を形成させるとともに、定時運行の必要性から厳格な時間や標準時といった概念を社会にもち込むことになる。私たちが生きる社会の空間的時間的秩序形成の話へとつながっているのである。

Chapter 4

マルチメディアとしてのケータイ

　携帯電話は、すでに電話にとどまらないメディアである。現在、通勤・通学の電車に乗ると、実に多くの人がケータイを取り出して、メールやSNS（ソーシャルネットワークサービス：インターネット交流サイト）、さらにはゲームなどのアプリを楽しんでいる風景がみられる。岡田朋之・松田美佐（2002）が鋭く指摘するように携帯電話は、すでにマルチメディア化している（以下、マルチメディア化した携帯電話をケータイと表記する）。

　マルチメディアについては、古くからパーソナル・コンピュータを軸とした構想がいくつも提唱されてきた。これにたいして、ケータイの場合は、未来の構想が古くからあったというよりも、ごく短期間にマルチメディアとしての機能を実現してしまった感がある。しかし、人々が常にメディアを身につけ、撮影した画像をすぐさまメールで友人に送信したり、出先で聴くために音楽をダウンロードしたりという点では、少なくとも現時点においては、ケータイのほうがパーソナル・コンピュータよりも勝っているといってよいだろう。

1. パーソナル・ダイナミック・メディア

　本章では、ケータイとはどのようなマルチメディアなのか、その特質を明らかにすることを目指す。その際、アラン・ケイが1977年に提唱したマルチメディア構想である「パーソナル・ダイナミック・メディア」のありようと現在のケータイのありようとを比較していく。ケイの構想は、パーソナル・コンピュータを計算機ではなくメディアと捉えた画期的なもので、マイクロソフト社のビル・ゲイツやアップル社の故スティーブ・ジョブズらにも大きな影響を与え

た。現在の Windows や MacOS などに用いられているようなウインドウ・システムの原型もまた、ケイの構想に含まれていたのだった。

まず、パーソナル・コンピュータの進化の方向性に大きな影響を与えたアラン・ケイの「パーソナル・ダイナミック・メディア」と題された構想についてみていこう。

「創造的思考のためのダイナミックなメディア——ダイナブック

形も大きさもノートと同じポータブルな入れ物に収まる、独立式の情報操作機械があるとしよう。この機械は人間の視覚、聴覚にまさる機能をもち、何千ページもの参考資料、詩、手紙、レシピ、記録、絵、アニメーション、楽譜、音の波形、動的なシミュレーションなどを始め、記憶させ変更したいものすべてを収め、あとで取り出せる能力があるものと仮定する。

われわれは、可能な限り小さく、持ち運び可能で、人間の感覚機能に迫る量の情報を出し入れできる装置を考えている。ヴィジュアル出力は少なくとも新聞の紙面より質が高くなくてはいけない。」（ケイ 1977：1992, p.36）

図4-1　ダイナブックのモックアップの模型（ケイ 1977：1992, p.37 をもとに筆者作成）

図4-1は、ケイのマルチメディア構想を実現するメディアである「ダイナブック」のモックアップを原著をもとに筆者が作成したものである。それはちょうど、数年前から市場に出回っている iPad などのタブレット端末にキーボードが付加されたようなデザインをしている。2013年時点を生きる私たちにもいまか

52　第Ⅰ部　消費・余暇編

ら35年前にデザインされたものとは思えない印象を与える。

　外観のデザインのみならず、ノートと同じ大きさ、何千ページに及ぶドキュメントのほか、手紙＝メール、動画、料理のレシピなどの閲覧（ブラウジング）など、そこにはいま私たちがタブレット端末やノートパソコンで楽しんでいることの多くが書かれていることに気づく。ヴィジュアル出力の質についても、高精細ディスプレイを搭載したタブレット端末が新聞や雑誌などの印刷のクオリティに迫っているという宣伝を最近聞いたばかりだ。私たちがいま手にしている新技術は、この「ダイナブック」構想の延長線上にあるといっても過言ではない。

　ケイは、この「ダイナブック」を創造的思考の道具と考えた。たとえば、建築家は、三次元シミュレーションがなされることによって、それまでの「設計を見直し、訂正し、それを記憶させ、相互参照できる」（ケイ 1977：1992, p.56）し、「医師は患者の全記録、事務記録、薬物反応システムを始め、さまざまなことをファイルに集録し、持ち運ぶことができる」（ケイ 1977：1992, p.56）と指摘した。

　また、この構想の面白い点は、さらにユーザーとして子どもを重要視していることにある。一般ユーザーの役に立つツールを考えるのに、子どもが飽きてしまうようなものは不適当であり、それゆえユーザー・インターフェイス（操作受け付けの方法）はポインティング・デバイス（マウスやペンなど）を用いた直感的なもので、「サクサク」軽快に動かなければならないことを指摘している。そのため当時主流であった一台のコンピュータを複数人で使う「タイムシェアリング」では能力が間に合わず、「各人に専用の強力なコンピュータを与える可能性を探るしかない」と論じている（ケイ 1977：1992, p.38）。優れたユーザー・インターフェイスをもつパーソナル・メディアを構想したというわけである。

　さらに、プログラミングをすることによってユーザー自身が創造のための道具をつくり出すことが想定されていた。ケイは「スモールトーク（筆者注：ケイらが開発したプログラミング言語）を通じて、無限の可能性と、誰にでも道具を作成できる機能を追加するために、膨大な労力を傾注してきた」（ケイ 1977：1992, p.57）と記している。そこには、「子どもにきちんとしたプログラムが書けるのは、

第4章　マルチメディアとしてのケータイ　　53

まったく疑問の余地がない」(ケイ 1977：1992, p.38) という確信があり、ユーザーがほしい機能を自分でつけ足していけることこそ、「ダイナブック」の可能性の大きさと考えていたということができる。

　ケイの「ダイナブック」構想は、パーソナル・コンピュータの進化に大きな影響を与えてきたとみることができる。しかしながら、私たちがメディアを肌身離さず持ち、情報のやりとりや編集・加工を行うマルチメディア社会というべき社会状況を実現させたのは、意外にもケータイであった。ケータイは「ダイナブック」とは別の論理でマルチメディア社会を実現するメディアとなったのであるが、ケータイと「ダイナブック」では、どこが異なっているのだろうか（また、どこに奇妙な共通点があるのだろうか）。次節では、このことについてみていくこととしよう。

2．マルチメディアとしてのケータイ

(1) コミュニケーションのための最小限の機能

　「ダイナブック」が創造的思考のために構想されたメディアであったのにたいして、私たちが現在利用しているケータイは、第一にコミュニケーションに力点がおかれたメディアということができるだろう。よく知られているように、多くのケータイには、カメラがつけられており、画像や動画を記録・編集ができるようになっている。これらのデータは、創造的思考のために使われるというよりも、多くの場合、ちょっとした驚きや記念写真を収めて、「写メール」といったかたちなどで友人に送信するといった使い方がされている。あるいは、自分のSNSのページに登録したり、ブログに転送されたりされている。ちょっとしたコミュニケーションに利用されることが多いとみることができるだろう。

　すなわち「ダイナブック」では、グラフィック面で新聞を超えるといった高い品質を目指す傾向がみられたが、ケータイはその逆で、必要最低限の大きさのディスプレイを持ち必要最小限の画素の画像を送り合う文化である。もっと

も近年では、マシンの進化とともに徐々にディスプレイが高精細化してきているのだが。

　第二に、ケータイには、出先で役に立つ情報メディアという性格がある。これには①電車の乗り換え情報、GPSと連動したマップ、近くのレストラン検索など案内系の機能やアプリ、②音楽プレーヤー、ゲーム、ワンセグTVなどのエンターティメント、③電子定期券や電子マネー機能などの外出時の決済を円滑に済ます機能などがある。

（2）ルーツとしてのポケベル

　マルチメディアとしてのケータイのルーツは、松田美佐（2003）が指摘するようにポケベルである。ポケベル・サービス（正式には、ページング・サービスという）は、1968年に日本電信電話公社によって開始されるが、若者の私的利用の契機になるのは1987年4月のディスプレイつきポケベルの発売だったという（松田 2003, pp.174-175）。では、いかにしてディスプレイつきポケベルが、後のケータイ・コミュニケーションに影響を与えることになったのだろうか。

　ポケベルは、本来はビジネスユースとして売り出されたものであり、無骨な黒い四角形をしたツールであった。初期のディスプレイつきポケベルは、10数桁の数値をディスプレイに表示させることができ、おもに官公庁における緊急時の連絡や、企業が出先の社員を呼び出すのに使われた（電話番号を伝え、その番号に連絡をさせるなど）。しかしながら、これに目をつけたのが当時の女子高生であり、彼女たちは、メーカーが思いもよらない利用法でポケベルを使用した。すなわち、語呂合わせを用いて0840（おはよう）、724106（何してる？）、49（至急）、889（早く）、0906（遅れる）、14106（愛してる）、3470（さよなら）などのちょっとしたメッセージを送りあったのである（NTTdocomo, 2007）。その後、ポケベルにカナが表示できる機能がつくと女子高生と同年齢層に急速に普及、公衆電話からものすごい速さでボタンをタイプしたり、休み時間になると学校の公衆電話に行列ができたりする光景がみられるようになった。メーカーは、ポケベルを緊急連絡用として位置づけていたが、女子高生たちは、友人とのコンサマト

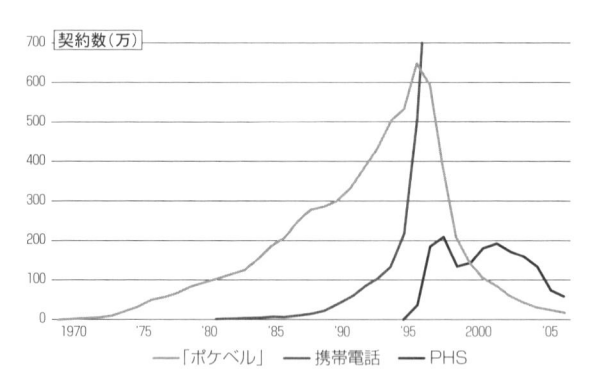

図4-2 NTTdocomoのポケベル等の契約数の推移（NTTdocomo 2007, p.4より）

リー（即時的）な〈つながり〉を楽しむためにポケベルを利用したのであった。こうした動きは、ポケベルの非要件利用の拡大につながった。

同じくNTTdocomo（2007）によれば、「1991年は、ビジネスユーザーが主で全契約数の90％を占めており、1日平均1～2回の緊急連絡用に使われて」いたが、「1996年には個人ユーザーが全契約数の70％を占め、1日あたり30通ものメッセージを送りあう」ように使用形態が変化してきたという。図4-2は、同レポートに掲載されたポケベルや携帯電話の普及（NTT関連の契約数に限る）状況を示したグラフである。1995年に携帯電話が爆発的に普及するが、その直前の1990年～95年にポケベルの契約数が急激に増加している。この頃には端末のデザインもカラフルなものへと変化していった。女子高生たちに先導されたポケベルのコンサマトリーなコミュニケーションでの利用の動きが反映されたものと考えられる。

このように当初作り手がビジネス用と想定したポケベルを女子高生たちが友人とコミュニケーションをとるツールとして使用できることをみいだし、独自に利用していったのだった。そして、女子高生たちの思いがけないポケベルの利用は、後のモバイル・コミュニケーションのあり方や、ひいては日本におけるマルチメディア社会のあり方に大きな影響を与えることになったのだった。

（3）電話：わざわざ感のないメディア

図4-2を見ると、1996年以降、PHSの登場やケータイの本格的普及を前にポケベルは急速に契約数を減少させる。ポケベルの場合には、どこでもメッセー

ジを受信することはできるものの、メッセージを送信する際に公衆電話や家の電話が必要になる。しかし、ケータイならば受けた端末でそのまま返信ができ、その意味でより完成したメディアだということができる。ケータイの利用料金の改定もあり、若者たちは、ポケベルからケータイやPHSへと乗り換えていったのであった。しかしながらケータイを手にしても若者たちは、電話ではなくメールによる文字のコミュニケーションを主体に行っていった。そこには通話するよりもショートメールのほうが、通信料が安いという事情もあった（松田 2003, p.176）。

筆者がみるところ、通話はしなくても電話であるということにより、ケータイがマルチメディアの主役になりえたように思われる。というのも、電話ならば連絡があるかもしれないということで外出の際を含めて常に身につけていてもおかしくないし、電車のなかで操作するにしてもさりげなく取り出すことができる。電話であるということは、「わざわざ感」がないというメリットをもっているように思われる。

これにたいしてノートパソコンやタブレットは、いまだある種の「わざわざ感」を有しているように思われる。出張で用いる新幹線などは別として、電車のなかなどでは「いまわざわざ取り出して操作することもないじゃないか」という感覚を覚えたり、そうした視線を感じたりすることがまだあるように思われるのだ。とくに座席に座っていないときなどには、それが顕著になるのではないか。これにたいしてケータイは、推奨はできないが、歩きながら操作している人まで見かける。ケータイの「わざわざ感」のなさ、これこそがケータイを広く大衆レベルに普及させる一因となったのではなかろうか。

3．ケータイの文化

（1）単純でわかりやすい文化

ケイが、ユーザーとしての子どもに着目したのは、子どもが使うことができなければ、真に実用的なメディアとはなりえないと考えていたからであった。

ケータイは、まさにティーンエイジャーの女性ユーザーによって、その文化が形成されてきたといってよい。通信会社も彼女たちをターゲットにしていたため、「単純でわかりやすい」というコンセプトを徹底する形で機能やアプリが開発されたように思われる。
　メディアの可能性に期待すればするほど、開発者たちは、機能を満載させ、カスタマイズ性を高くさせることで強力なアプリに仕上げようとする傾向にある。初期のコンピュータのツールなどは、一部のスーパーユーザーは喜んで使いこなしたものの、一般のユーザーにはとっつきにくいものが散見された。そうしたツールは、一度マニュアルを読まないと使うことができない傾向にあった。ある文書編集ソフトは、終了するときに［Meta］-［x］-［Ctrl-C］と打ち込むなど、マニュアルなしに始めたら終了するのもおぼつかないようなしくみを有していた。だが、そうしたソフトが、その世界では最も愛用者の多い定番ツールの一つであることもめずらしくない。これは善し悪しというよりも、文化や価値観の問題だと考えられる。
　これにたいして、ケータイでは「単純でわかりやすい」をキーワードとした文化が実現した。おそらく、ここまで単純さとわかりやすさが追究されてソフト開発がなされたのは、コンピュータが生まれてから初めてのことだったのではなかろうか[1]。このわかりやすさのために、ケータイは大衆レベルに広く行き渡ったと考えることができるだろう。
　ここでは、多くのユーザーはマニュアルなどを読まずとも、直感的に操作をすることができる。そして、慣れてくると新しい機能にチャレンジする。慣れていないときには新しい機能を使わなくていいし、チャレンジしてわからなくなってもすぐに「戻る」ことができるように設計されている。そうしているうちに、かなりのところまで自然に上達する。ケータイとは、マニュアルの読破や事前学習を経ず、直感的に操作を始めて慣れていく文化であるといえるのではないか。

（2）身体技法としての親指連打入力

　単純でわかりやすい操作は、ときにケータイ特有の身体技法を要求する。最も代表的な身体技法としては、日本語を入力する際にキーを素早く連打することが挙げられるだろう。たとえば、「う」という文字を打つときには、「あ行」に相当するテンキーの1を3回押す操作を行わなければならない。これは実にわかりやすいが、効率が悪い不思議なインターフェイスでもある。別のやり方としては、「う」を打つ場合、「あ行」の3文字目ということで、1の次に3のキーを押すようなポケベル式の入力法もありえたはずである。こうすれば、2回のキー入力ですべてのひらがなが入力できるからより効率的であるように思われる。だが、ケータイはこの身体技法の修得込みで、若い世代、とくに女子高生たちから普及していったのだった。

　親指連打式入力の効率の悪さは、パソコン世代の筆者などには辟易させられるものであり、しかも、連打の回数を間違えることが多々あるなど、フラストレーションの募るものに感じられた。しかし、ケータイ世代の若者たちは、親指入力に適応し、きわめてスムーズに文を入力している。しかも、人によってはケータイ小説というような長文をすらすらと入力するに至っている。親指連打入力を血肉化した人々が高速でキーを連打するさまは、ある種ストリート系の曲芸スポーツを見るような技芸の域に達している感がある。

　ケータイは、単純でわかりやすいメディアであるといっても、このような身体技法に違和感をもつものにとっては、使いこなすことができない。この身体技法が、ケータイをアクティブに利用できるかどうかの文化的な障壁となっているといっても過言ではない。

　このほかにも、ケータイでは、地図やウェブを狭いディスプレイで表示させ、情報を把握する必要がある。これも馴染めない人にとっては、ストレスを感じる要因となりえる。それゆえパソコン世代には、ケータイは出先で使うもので、家ではより大きな画面で見るのが本来的なあり方だと考えている人が散見される。これにたいして、ケータイ世代では、パソコンが本来とは思っておらず、ケータイの画面そのものに馴染んでいる。したがって彼／彼女らは、出先でも

家でもケータイでネットにアクセスする傾向にある。これも身体性に関わる問題として捉えることができる。

なお、マーク・プレンスキー（2006：2007）は、デジタル・メディアを当たり前のものとして使いこなす人々のことを「デジタル・ネイティブ」、新たなメディアに文化ギャップを感じ戸惑いながら使う人々を「デジタル・イミグラント（移民）」と名づけた。社会心理学者の橋元良明（2010）は、この議論をさらに進めてケータイに親和的な世代を「ネオデジタル・ネイティブ」と名づけ、パソコン世代とは違った感覚をもっていることを明らかにしている。たとえば、パソコン世代では、ケータイなどの「モバイル・メディア」は外出時に使うものという意識があるが、ケータイ世代においては、ケータイはもはやユニバーサルなツールであり、家でもケータイを使うといった特質があることを浮き彫りにしている。橋元の議論もまた、本書でいうところのケータイに親和的なカラダが登場してきたことを指し示しているといえる。

（3）ショート・メッセージの文化

ケータイにまつわる文化として指摘しておかなくてはならないのが、ショート・メッセージの文化である。もともとポケベルをルーツとした比較的短い文のやりとりが、ケータイにも引き継がれている。サービス提供者もこのことを理解しており、絵文字や顔文字といった文字セットを追加し、かわいくデコレーションされた短文を送り合うコミュニケーションが成立した。このやり方は、ケータイ・コミュニケーションの一つの雛形となり、上の世代や男性へと広まっていった。いまでは、いかつい体育会系の男子学生が、メールでは絵文字・顔文字を利用したかわいいメッセージを送ることもしばしばみられる。絵文字や顔文字は、近年若者のあいだに急速に普及したSNSであるLINEのコミュニケーションにも引き継がれている。そこでは、スタンプという表情豊かなキャラクターを画像として送信することができる。

■■■ 4．ケータイと創造的思考

　マルチメディアにかんしては、古くからケイの「ダイナブック」のような構想が存在し、実際にパソコンやタブレット端末は、そのような方向性で進化してきたように思われる。ところが、日本においては「ガラパゴス・ケータイ」といわれるように携帯電話が独自の進化を遂げ、ノートパソコン等によるものとは別様のマルチメディア社会を実現させた感がある。そこでは、1990年代の女子高生たちの影響が大きく、ポケベルをルーツとするコミュニケーションの文化や親指入力を中心とした身体技法の文化がつくり出されてきた。ケイの構想では、「ダイナブック」は創造的思考のツールであったわけであるが、ケータイではコミュニケーションのツールという側面が目立っているということになる。

　もし、ケータイが創造的思考のツールとしての性格を強く有しているならば、学校教育にケータイを利用する動きがみられてもよいはずである。しかし、現在、学校教育においてはケータイを原則的に使用禁止（高校）や持ち込み禁止（小中学校）する方向で政策が動いている。2009年に文部科学省から出された「学校における携帯電話の取扱い等について（通知）」では、「携帯電話は、学校における教育活動に直接必要のない物である」と位置づけて、その使用や持ち込みを禁止する旨の通知を行っている。

　しかしながら、戦後の学校教育と電子メディアの関係史を考えるに、これは例外的な扱いとみることもできる。テレビやパソコン（マルチメディア教材）は、一方で子どもに悪影響があるといわれつつも、他方では学校教育に役に立つものとして教室に取り入れられてきたからだ。学校教育においては、①映像メディアが子どもの志向力を低下させるといわれた時代に映画やテレビを、②子どもが機械と神話的になる一方、人間関係が希薄化するといわれた時代にCAI（自動学習マシン）を、③マルチメディアが子どもの現実感覚を歪めるといわれた時代にマルチメディア・パソコンを教室に導入しようとする動きがあったのだ。これにたいして、ケータイは、最初から学校とは関係ないものとしてシャット

第4章　マルチメディアとしてのケータイ　　*61*

アウトされている。現在の教育行政は、ケータイに創造的思考のツールとして可能性を認めていないとみることができる。すなわち学校とは相容れないストリート・カルチャーのように見えているのかもしれない。

　筆者は、ケータイが日本社会に広く普及した最初のマルチメディアであることを考慮すると、もっと創造的思考のツールとしての可能性が引き出されてもよいのではないかと考えている。近年では、携帯電話からスマートフォンへの移行が進んできている。この動きが創造的思考のツールとしてのケータイ文化を創っていくことにつながるかどうか、その動向に目が離せないように思われる。

　最後に、これまでみた1～3章では、社会的装置によって私たちのカラダがつくられてきたことをみてきた。

　パソコンやケータイといったメディアもまた社会装置であるから、それらが私たちに何らかの影響を与えることは間違いない。しかしながら、本章で扱ったマルチメディアの事例をみるにメディアが発明されれば、それが自動的に私たちに影響をもたらすという考え方はできないようだ。パソコンやケータイなどのメディアが社会に浸透していく際には、ポケベル女子高生にみるように、思いもよらないユーザーが思いもよらない使い方を編み出すことで、そのメディアが何であるかという輪郭が決まることがある。すなわち、メディアがどのような姿になるのかは、予め決まっているわけではないといえるだろう。このようにメディア（技術）だけではなく、ユーザーの動き（社会）が介在することによって、メディアのありようが決まるわけであり、それが私たちをどう変えるのか、社会にどう影響を及ぼすのかというのは、さらに先の問題なのである。

【注】

（1）WindowsやMacOSなどにみられるGUI（グラフィカル・ユーザー・インターフェイス）においても、直感的に操作ができるという設計思想がみられる。これは、画期的なことであり、パーソナル・コンピュータの社会的普及に大きな意味をもっていた。しかしながら、ケータイでは、さらなる単純さ、簡単さが追求されているといえる。電子ゲームやプリク

ラなどゲーム系のユーザー・インターフェイスもまた簡単さが追求されて設計・開発がなされており、ケータイのユーザー・インターフェイスは、そうした領域からの影響を与えられているとみてよいだろう。

【参 考 文 献】

Kay, Alan and Goldberg, Adele 1977 "*Personal Dynamic Media*," IEEE Computer, Vol.10, No.3, pp.31-41. 訳書1992 鶴岡雄二訳「パーソナル・ダイナミック・メディア」『アラン・ケイ』pp.34-59アスキー

NTTdocomo 2007「『ベル友』ブームを巻き起こした『ポケベル』(現:クイックキャスト)の歴史」NTTドコモレポート No.55

Prensky, Marc 2006 "Don't Bother Me Mon—I'm Learning" Paragon House. 訳書2007 藤本徹訳『テレビゲーム教育論――ママ!ジャマしないでよ勉強してるんだから』東京電機大学出版局

大多和直樹 1998「メディアと教育のパラドクス――メディアの教育への導入と悪影響批判の同時進行状況をめぐって――」『東京大学教育学研究科紀要』第37巻 pp.101-111

岡田朋之・松田美佐 2002『ケータイ学入門――メディア・コミュニケーションから読み解く現代社会』有斐閣選書

Book ガイド

橋元良明・奥律哉・長尾嘉英・庄野徹 2010『ネオ・デジタルネイティブの誕生――日本独自の進化を遂げるネット世代』ダイヤモンド社:マーク・プレンスキーは、パソコン世代をデジタルネイティブと名づけたが、日本におけるケータイ世代は、デジタル・ネイティブから一つ進んだ存在となっている。橋元らは、それをネオ・デジタルネイティブと名づけた。パソコンとケータイ、二つのメディアをめぐっては、使うものの身体感覚レベルでの違いがある。本章とも重なりをもちつつ、さらに詳細にケータイ世代の身体感覚=カラダのあり方を描き出している。

Jポップというジャンル
言葉のくくりと私たちの現実

> ここまで本書ではカラダの感覚が社会のなかでつくられることをみてきた。本章では、究極的なカラダの感覚といえる現実感、ないしは現実認識がいかにつくられるのかということをみていく。ここでは言葉がつくり出すくくりに着目することとしたい。この「くくり」は、カテゴリや概念と呼ばれ、私たちの現実認識に深く関係している。このことをわかりやすく理解するために日本の音楽現象、とくにJポップと呼ばれるカテゴリが生まれ社会に流通していく過程を題材にしてみていこう。ここでは、Jポップというカテゴリが生まれる前に起きたアイドル歌手・本田美奈子のアイドル／アーチストというカテゴリをめぐる闘いにも着目していく。

1. アイドル歌手・本田美奈子の闘い：私はアーチストと呼ばれたい

　CDショップに行くと、Jポップないしは、J-Popという棚がある。これは多くの店舗でみられるが、Jポップというのは90年代に突如として登場した音楽ジャンルで、日本発の音楽は、だいたいそのなかに含まれてしまうような幅広いカテゴリをかたちづくっている。いま、カテゴリと表現したが、カテゴリとはある「くくり」を意味しており、端的にいえば、言葉がつくり出す「くくり」のことを概念という。

　したがってJポップも一つの概念とみることができ、Jポップという「くくり」もまた現実をつくり出している。本章では、①Jポップという言葉によって変容した現実を捉えるため、その言葉が5～6年早く登場していたらおそらく起こらなかったであろう、あるアイドルの悲劇的な闘争についてみていき、つぎ

に②Jポップがどのように社会的に普及していったかについて、ジャーナリストで音楽評論家の烏賀陽弘道（2005）に依拠しながら把握していくこととしたい。

2005年11月、歌手の本田美奈子が白血病で他界したという悲報が入った。38歳の若さであった。1985年に「殺意のバカンス」でメジャー・デビューをした本田は、80年代後期の女性アイドルのなかで、ずば抜けて歌がうまい存在であり、90年代以降はミュージカルで活躍していた。そんな最中での訃報であった。

アイドル時代の本田は、歌がうまかったがゆえに、当時、ちょっとした物議を醸した事件を引き起こしてしまった。

「私は、アーチストと呼ばれたい。」

本田が発した一言が、波紋を投げかけたのであった。

（1）アイドル・オタクの聴くものとしてのアイドル歌謡曲

1986年当時、日本のポピュラー音楽界は、大別すれば、アイドル歌謡曲を歌うアイドルとロックやニューミュージックを歌う／演奏するアーチストの二つの領域に二分されていた。アイドルのほうは、80年代前半を松田聖子らが牽引し、80年代中頃も小泉今日子や中森明菜らが人気を博していた。ところが1985～87年におニャン子クラブが登場し、爆発的なヒットを飛ばした後、アイドルは徐々に冬の時代に突入していく。この頃から、アイドルのファン＝（イコール）オタクというステレオタイプな図式が若者の一部で定着し、アニメソングと並んで、若者が消費する音楽のなかでも最下層のものというようにみなされるようになってくるのであった。そこでは1980年代半ばから後半にかけて、アイドル歌謡曲（とくに女性アイドルに顕著であるが）というのは、一般の音楽ファンというよりも、一部のアイドル・オタク向けの音楽というような意味合いを強くもってくるようになった。

それゆえ、この頃には、たとえば筆者のようにおニャン子クラブや菊池桃子などのアイドル歌謡曲を聴いていると、アイドル・オタクのレッテルを貼られるような状況もまた生起しつつあった。ともあれ、この頃、①歌い手の女性ア

イドル・②音楽ジャンルとしてのアイドル歌謡曲・③ファンとしてのアイドル・オタクというセットが若者の一部でできあがったとみてよい。

(2) 音楽ファンが聴くものとしてのロック、ニューミュージック

さて、他方、アイドル歌謡曲の対極にあるのが、ロックやニューミュージックと呼ばれる音楽であった[1]。ここにおいて歌い手や演奏者たちは、アーチストと呼ばれる。本来、アーチストとは芸術家という意味であるが、ミュージシャンというような意味で使われている。若者の間で「好きなアーチストは」という質問では、通常、画家や陶芸家などではなく、好きなミュージシャンを尋ねている。そして、その聴き手は、とくに名前がつけられているわけではないが、いわゆる音楽ファンということになるだろう。

このようにアイドル歌謡曲とロック・ニューミュージックの間には、大きな溝があり、とくにアイドル歌謡曲の側では、1980年代後半のアイドルには歌唱力の低い歌手も大勢いたこともあり、歌い手はミュージシャンとは認められず、聴き手もまた、アイドル・オタクという二級市民のレッテルを貼られることがあったわけである。ここでは、一度、アイドルとして認知されてしまうと、どんなに歌がうまくとも、アーチストと認められることはなく、どんなに楽曲がロックの形式を有していようとも、ロックとしてみなされることはほとんどなかったのである。

これは、とくに本田のように歌唱力に自信のあるアイドルにとっては、非常に不都合なことである。せっかく趣向をこらした音楽活動をしても、十全に認められることはないことを意味していたからである。そこで、「私はアーチストと呼ばれたい」宣言がなされたのであった。

(3) アーチスト宣言の顛末

本田の「私はアーチストと呼ばれたい」宣言は、それほど大それた意図があったわけではないと筆者は理解している。アイドルがミュージシャンとして認められない状況にたいして、自分を一人のミュージシャンとしてみてほしい、

というくらいの意味だったように思われる。それは、音楽に関わるものとしては、ごく自然な願望であるということもできるだろう。

しかし、実際には、本田にたいし「思い上がったアイドル」といったバッシングが浴びせられ、嘲笑の的ともなった。このとき、ある大物ミュージシャンは、「あなたがアーチストだったら、私は神」といった趣旨の発言をしたとか。リスナーの捉え方も冷酷であり、当時は、アーチストと捉え直して聴こうとするリスナーよりも、「勘違いアイドル」といった見方をして黙殺したリスナーが多かったように思われる。

この手の事件は、事務所も公認の戦略的なものだったりすることもあるから、そうした反応も織り込み済みだったかもしれない。ともあれ、ここで重要なことは、アイドル歌謡曲／ロック・ニューミュージック、そして、アイドル歌手／アーチストという区分けが力をもち、本田はアイドル歌手であり、ロック・ミュージシャンではないと捉えられていたということである。

こうしたアイドル／アーチスト、歌謡曲／ロック、ニューミュージックという区分は、比較的広く行き渡っており、たとえばジャニーズ事務所所属のアイドル歌手である近藤真彦がいかにロック的な楽曲を歌ったとしても、それがロックとしてみなされることはなかったように思われる。

アイドルかアーチストかという違いがもともとあるのではなく、それは事務所による「売り出し方」にすぎないといった見方もあるだろう。そうした側面があることを否定できないものの、当時のアイドルのなかには、それだからこそ自分ももっと音楽的に認められてもいいのではないかと考えた者が少なからずいたように思われる。実際、このような区分けのあるポピュラー音楽界にたいして、当時のアイドルたちのなかには、アーチストを目指す活動をする者もみられた。たとえば、菊池桃子が「ラムー」というバンドを結成してボーカリストとして活動を始め、本田自身もロックバンド「MINAKO with WILD CATS」を結成した。

アイドル歌謡曲／ロック・ニューミュージック、アイドル歌手／アーチストなどの言葉の「くくり」は、単に言葉のくくりではあるが、本田にとっては、

第5章 Jポップというジャンル　67

そのどちらの「くくり」で捉えられるかが、自分の存在の意味に関わる問題となる。

（4）Jポップの登場と日本のポピュラー音楽界

ところが、アイドル歌謡曲／ロック・ニューミュージックといった区分けは、1990年代に入ってJポップというジャンルが登場・普及して以降、無効化されていった。アイドル歌謡曲もロックもニューミュージックも、ときに演歌なども、日本産の音楽ということでJポップというジャンルにひとくくりにされてしまったのである。どれもみなJポップというわけである。

ここでは、アイドル歌手かアーチストかという区分もまた、意味をなさなくなってきたのだった。Jポップでは、どちらもアーチストとひとくくりにされている。ここでのアーチストとは、ミュージシャンという意味すら曖昧で、音楽に参加している人くらいの意味になりつつある。ここでは、Jポップの歌い手自身も、自分がアイドル歌手なのかアーチストなのかということを意識しなくて済むようになったように思われる。たとえば、1990年代にブレイクしたスピードやモーニング娘。そしてパフィーなどのグループは、アイドル性をもちながらも、それに拘束されていない。聴き手の側も、ロックなのかアイドル歌謡曲なのかという区分けに従って、彼女たちの歌を聴いているわけではなくなった。サザンオールスターズも長渕剛もモーニング娘。も、同じくJポップといえるのである。

もし、1980年代半ばにJポップという言葉が、日本のポピュラー音楽界に普及していたとしたら、本田美奈子のアーチスト宣言はなかったかもしれない。というのも、アイドル歌手かアーチストかという区分が、それほど重要性をもたないならば、とくにアーチストにこだわる必要はないのだから。付言すれば、もし本田が1990年〜2000年代にデビューしていたら、おそらく浜崎あゆみや倖田來未と同じようなシンガーとして受け入れられたにちがいない。

人々が、どのような概念、すなわち言葉の「くくり」を使って物事を捉えているかということと、どのような現実が目の前にあるのかということの間には

深い関わりがあるといえるだろう。

2．Jポップの登場とその背景

　以上、Jポップという新しい「くくり」が、それまでのアイドル歌謡曲とロックなどの境界を曖昧化していったことをみてきた。しかしながら言葉が生み出されれば、即、社会に広まっていくわけではない。ある言葉（＝概念）が、社会に定着するには、その言葉を受け入れやすいような社会状況が必要となるように思われる。このJポップという言葉は、どのように生み出され、どのように社会的に普及していったのか。このことについてみていく。

　　「これほど広く行き渡った言葉なのに、『Jポップ』が一体どんな内容を指しているのか、明確な定義はいまだにない。いつの間にか、どこからともなく現れ、言葉の意味を理解されないうちに、あっという間に社会に広まってしまった。そんな感がある。」（烏賀陽 2005, p.1）

　Jポップとは、さまざまな細分化されたジャンルに分かれていた「境界をぶち壊し、一つに統合してしまった」（烏賀陽 2005, pp.20-21）言葉であり、「そのありさまは、古い木造家屋がひしめいていた一角が地上げされ、『Jポップ』という看板を掲げた新しいテナントビルが出現する光景を連想させる」（烏賀陽 2005, p.21）。すなわち、その内実がよくわからない曖昧模糊とした概念であると同時に、「いつの間にか」社会に定着していた言葉なのだ。なぜ、こうした不可解な現象が起きたのだろうか。烏賀陽（2005）は、1990年前後に起きた音楽業界、そしてリスナーをめぐる大きな変容が、Jポップというジャンルの確立を背後から支えていると指摘する。

（1）Jポップという言葉の普及過程
　Jポップとは、もともとはJ-waveという洋楽ばかりを流していた新興のFM局で、邦楽（ロック、ニューミュージックなど）を流すコーナーをつくろうと

第5章　Jポップというジャンル　69

いう企画がもち上がり、J-wave で流してもおかしくない邦楽を暫定的にJポップと名づけたのが始まりだという。1988〜1989年くらいのことである。すなわち誕生時は、あまたある邦楽のなかから「洋楽と肩を並べることができる、センスいい邦楽」（烏賀陽 2005, p.8）を選んだ、選りすぐりの音楽を指す「くくり」であったということになる。

　Jポップの普及過程でわかりにくいのが、ごく限られた選りすぐりの音楽を指す「くくり」であったものが、いつの間にか、各ジャンルをも越境するような大枠の「くくり」として普及していった点である。FM 局 J-wave で1988〜1989年にJポップという言葉が生み出された後、1993年くらいまでは、いわば潜伏期間に入り、雑誌等を見てもJポップという言葉が使われることはきわめて少なかった。だが、この期間に以下の二つの重要なムーブメントが起きており、Jポップ普及の土壌を形成していた。

　第一に、「J」を日本のという意味で、接頭辞につけるやり方は——すでにJRグループ（日本旅客鉄道）やJT（日本たばこ産業）に萌芽していたが——1993年に開始したサッカー・Jリーグによって、社会的に定着し、その後、Jビーフなど、国産の良さを伝える際の定番的な名前のパタンとなっていった。Jとは、「国際性のなかの我々日本」を示すものとして定着してきたのである。そうした背景により、Jポップも国際的に肩を並べた我々日本の音楽という「ファンタジー」を獲得するようになったという。

　第二に、1993年頃にピチカート・ファイブやコーネリアスなど渋谷を中心に新しい音楽のブームがあり、これが世界に誇れる新しい日本の音楽として捉えられるようになってきた（渋谷系）。彼らは、ずっと洋楽を聴いてきた若者たちであり、曲の作りも洋楽と比べて全く遜色ないものであったという。とはいえ、実際に世界から認められた音楽というよりも、日本の音楽シーンのなかで「世界からも認められるだろう我々の新しい音楽」という位置づけを得たということではあったのだが。

　これらを背景として、Jポップは、タワー・レコードが渋谷に進出したおりに、「J-pop」という棚を設けたことから、全国に普及していく。渋谷系の音楽を

念頭に、渋谷店で「J-pop」という棚が登場し、そののち店舗を「メディア」として全国各地へと「J-pop」というジャンルが普及していったというわけである。烏賀陽は、この普及過程をパルコなど渋谷を代表するデパートが地方展開し、各地に「ミニ渋谷」を形成していった過程になぞらえて捉える。これまで邦楽や歌謡曲とされてきた棚に「J-pop」という名前をつけたのは、渋谷から始まったことであり、その渋谷なるものとしての「J-pop」が全国に「ミニ渋谷」ができあがるのを契機として全国普及していったというわけである。このように、もともと渋谷的なるものという性格を強く帯びていたJポップであるが、それが全国に普及するなかで渋谷性は脱色され、大枠としての「くくり」としての性格が強くなっていったと考えることができる。

（2）音楽産業・技術・聴き手の変容

さらにJポップという言葉の普及過程の背景には、①産業・②技術・③聴き手をめぐる大きな変容があり、それがJポップなる現象を支えているということも確かであるようだ。ここではそのことについてみていこう。

第一に、1990年代の音楽産業の特質をみると、音楽単体で成立しているのではなく、テレビ・ドラマやCMとのタイアップした楽曲が数多くミリオンセラーを達成するなど、音楽とテレビや広告との関係が切っても切れないものになっていった。烏賀陽の言葉を借りれば、音楽・テレビ・広告が共存する「Jポップ産業複合体」ができあがったということとなる。テレビや広告が関わりを深めると、歌い手にとってはテレビを通じた人柄の認知やテレビでのタレントとしての役割も重要なものとなり、旧来的な歌手というよりも、一種のマルチタレントのような人材が求められるようになってくる。烏賀陽は、1990年代に爆発的なヒットを記録する女性デュオ「パフィー」を例に挙げつつ以下のように指摘する。

> 「レコード会社のオーディションでありながら、その目的は最初から専業的な『歌い手』の発掘ではなかった。雑誌のモデルもやれば、テレビ番組のパーソナ

リティもやる。どれが『本業』かというと、どれでもない。何でもやる。では『タレント』『モデル』かというと、その人気の起爆剤になったのが音楽であるという点で、そうとも言い切れない。これは『Jポップ以前』の『歌手』『タレント』『モデル』といった職業の定義からは、違う領域に入っている。」(烏賀陽 2005, p.98)

　烏賀陽のいう「Jポップ産業複合体」においては、「旧来の定義にはない新しいメディア空間が誕生」(烏賀陽 2005, p.98) しており、旧来の職業定義の境界を曖昧にするような人材が求められているというのだ。このような音楽産業をめぐる変化は、前節で扱ったようなアイドル歌手とアーチストの境界解体と符合するということができる。パフィーにおいては、もはやアイドル歌手かアーチストか、といった問い自体が無効になっているからだ。それは、80年代半ばにデビューしていたらアイドルと認識されたであろうモーニング娘。などにおいても同様なのである。

　第二に、デジタル・レコーディングの技術の発達があり、これがJポップ市場を支えている。アナログ・レコーディングの時代には、一つの楽曲を完成させるには、大がかりなレコーディング・スタジオでミュージシャンによる演奏を録音していく必要があったが、デジタル・レコーディング技術の発達では、サンプリング音源（実際の楽器の音を再現できる音源）などもあり、実に安価に楽曲がつくられるようになってきた。さらに近年ではパーソナル・スタジオにおいてパソコン上の編集ソフトウエアで楽曲作成ができるようにもなってきている。そうした音楽作成環境が整うことによって、小室哲哉が安室奈美恵らを、つんく♂がモーニング娘。を、そして最近では中田ヤスタカがパフュームやきゃりー・ぱみゅぱみゅをプロデュースしたように1990年代からみられる個人のプロデューサー主体の音楽シーンの展開が可能になったという。

　だが、これらの変化は、マイナス面も生んだ。たとえば、音楽が手軽に作成できるようになった反面、テレビCMで流れるサビの部分のみに力を入れ、それ以外はある意味手抜きの楽曲や、長く歌い継がれるというよりもはじめから消耗品のように作成されるものが出てきたという。

最後となるが第三に、聴き手の側も変化しており、1990年代に入って「自己表現の大衆化」という現象がみられるというのだ。そこでは、どのアーチストの楽曲を聴くのかということが、自分自身のあり方を示すようになってくる。

　　「購買者にとって『自分にふさわしい音楽や歌手かどうか』が重要な要素になったのである。そこでは、購入動機として『その曲が好きかどうか』以外に、歌い手やバンドのファッション、容姿、マスメディア上での振る舞いや発言（中略）など、音楽以外の要素が重みを増す。」（烏賀陽 2005, p.138）

　具体的には、とんがった音楽ファンを自認する1990年代後半〜2000年代前半の若い男性なら、たとえば以上で紹介した渋谷系のミュージシャンなどの楽曲を聴く必要があるかもしれないし、また、いまどきの女子高生やギャルを自認する当時の若い女性なら、浜崎あゆみなどを聴こうかということになるかもしれない。そして、ときにファッションも「あゆがしているように」ヒョウ柄というように。

　また、そうしたコアな文化に接していない人でも、1990年代以降爆発的にヒットしたカラオケを身近な自己表現手段としており、カラオケで歌うということを念頭に音楽を購買するという動きがみられる。自分を表現するため、あるいは、自分のアイデンティティを形成するものとして、音楽が位置づいてきていると烏賀陽は分析する。すなわち音楽の作り手は、すでにリスナーに音楽を聴かせるためだけに製作活動を行うのではなく、カラオケで歌われることを意識したり、音楽以外の言動やファッションなどでもリスナーに影響を与えることを意識したりすることが加わっていくというのである。

　以上でみたＪポップ現象の背景で起きていたことを簡単に整理すれば、つぎのようになるのではないか。音楽をつくることとそれを聴くことが音楽消費の原型とすると、①作り手のレベルでは、テレビや広告との関係が深くなるなかで音楽以外の要素の重要性が強まることにより、また、②聴き手のレベルでも、聴くこと以外に、音楽が自己表現の手段や自己のイメージをつくり出すものとなることにより、その原型を瓦解させ、別の姿にしてきていることがわかる。

そして、デジタル技術の発展は、そうした作り手の方向性を技術レベルで支えていると考えられる。これらがＪポップという言葉が流通する背景となっているとみることができるだろう。

3. 言葉のくくりと現実

　本章では、Ｊポップという言葉の「くくり」が流通することで、それまで存在していたアイドル歌手／アーチストという区別が曖昧化すること、すなわち、言葉の「くくり」のあり方によって、現実のあり方が変わってくることをみてきた。本田美奈子の時代には、アイドル歌手であるか、アーチストであるかという境界線がはっきりしており、そのため歌のうまかった彼女としては「アーチストと呼ばれたい」と闘いを仕掛けたのであった。

　以上では、アイドル歌手／アーチストという区別が曖昧化することを強調したが、現在では、さらに状況は変化してきている。本田をはじめ、80年代中頃以降のアイドルには、ともすればアイドルとしてよりもアーチストとして活躍したいという傾向がみられたが、筆者がみるところ最近では、再びアイドル性を強調する動きがある。

　現在、人気を博しているアイドルグループのAKB48は、Ｊポップという言葉が定着して以降にアイドルとしての位置づけを強調する戦略をとった最初のグループの一つである。AKB48がミリオンヒットを飛ばすなど、2000年以降のアイドル現象が一定の盛り上がりを見せている。そして、その後を追うように、ももいろクローバー（Ｚ）、東京女子流、フェアリーズなどの面白いグループが出てきており、「アイドル戦国時代」を迎えつつあるという見方もある。1980年代後半には、蔑まれた感があった（女性）アイドル歌手およびそのファンであったが、2000年代後半では、──そのファンは、いまもまだオタクなどと呼ばれることもあるが、最近は、むしろ開き直っており──Mixやコールといった応援の技法も発達し、アイドルとファンの相乗効果で実に生き生きとしたステージがつくられている。

（1）言葉と現実認識

　言葉の「くくり」と私たちの現実認識という観点から本章を締めくくろう。「アイドル」にしても「アーチスト」にしても、これらは言葉が作り出す「くくり」にすぎない。しかし、本田にとっては、自分がアイドルとみなされるかアーチストとみなされるかということは、自分が何者であるか、すなわち自分の存在のあり方そのものに関わる問題であった。

　ここからみえてくることは第一に、言葉の「くくり」が私たちの現実認識のありように大きな影響力をもっているということである。もし、本田がJ-ポップという言葉が広く流通していた時代（ほんの10年後）にデビューしていたならば——もはや歌手とはいえないマルチタレントまでもアーチストとみなされていたのだから——間違いなくアーチストの一人に数えられ、アイドルかアーチストかという問題に巻き込まれるようなことはなかったと考えられる。どのような言葉の「くくり」が社会に流通しているのか、そして自分がどの「くくり」に捉えられるのかということが、私たち自身が何者なのかという現実認識をつくり出すということになると理解できる。

　実は、現実認識を考える上で言葉が最重要となると冒頭で述べたが、この背景には言語論的転回という哲学的なパラダイムシフトがある。言語論的転回とは、これまた一言で言い表すことは難しいが以下のような動きのことである。現実を認識するにあたっては、現実というものが私たちの目の前にあり、それを形容したり表現したりする言葉があるという言葉と現実の関係が想定できる。こうした見方にたいして言葉と現実の関係は逆であるという見方がなされるようになってきた。すなわち、私たちは言葉を用いずにいかなる現実をも認識することはできないのであり、したがってすべての現実とは言葉に条件づけられて認識されるという見方が正しいとみなされるようになってきたのである。本章の例でいえば、アイドルやアーチストといった言葉の「くくり」を抜きにして1980年代を生きた本田の存在がなんであるかを語ることはできないことを思い浮かべると理解しやすいかもしれない。こうしたパラダイムシフトが人文／社会科学に与えたインパクトは大きく、社会学においては女性、黒人、ゲイや

レズビアンなどマイノリティや弱者をめぐるカテゴリがとくに注目され、そうしたカテゴリに捉えられた者のアイデンティティの問題などの研究が盛んになされてきた。

　また、冒頭でも触れたように言葉の「くくり」は概念とも呼ばれている。概念の働きは、暗闇を照らすサーチライトにたとえられる（高根 1979, p.60）。このたとえは、①ライトがなければ暗闇に沈んだままであること、すなわち概念の光があたってはじめて何があるのかが認識されるということ、②同じ対象に光があたっても光の変化によって見え方が異なってくることを示している。

　①の側面については、労働研究において「ニート」と呼ばれる人々にスポットライトがあてられたことが記憶に新しい。「ニート」は、玄田有史らによって日本的にアレンジされながら輸入された概念であり（玄田・曲沼 2004）、いわば「フリーター」は働いているからまだいいが「ニート」は働く意欲もないという形で一群の若者に光をあてたのだった。もともとそれに該当する人々はいたのであるが、「ニート」という概念があてはめられることによってはじめて社会的に認識されるようになったわけであり、それまでは、実際には存在していても暗闇のなかにあったということができるのだ。

　②の側面については、本章でみてきたように、Jポップという概念が当初、洋学専門FM局において「洋楽に比肩するようなハイレベルな邦楽」という形でサザンオールスターズやコーネリアスなどの音楽に新しい側面からの光をあてるものであったことを思い出してほしい。彼らは、Jポップという概念をつくり出すことによって、日本の誇れる音楽（そう日本人が自認できる音楽）なるものという新しい見方ができる音楽をいわば選抜しようとしたのであった。

（2）言葉の流通と社会

　本章からみえてくる第二の点は、どのような言葉の「くくり」が流通し意味をもつかは社会状況によって変化するということである。

　本章では、1990年代にJポップという言葉が流通することによって、アイドル歌謡曲かロック／ニューミュージックかという区別が曖昧化する様子をみて

きた。だがＪポップという言葉が生み出されることによって自動的にそうした現象が起きるわけではなかった。そこにはレコーディング技術のデジタル化という技術的変容、歌い手のマルチタレント化というアーチスト側の変容、テレビとのタイアップ化などメディア業界の変容などがあったのであり、そうして生起したさまざまな新しい社会的条件に下支えされることによってＪポップという言葉の「くくり」が広く流通することになったとみるべきであろう。

　さらに、その過程でＪポップという言葉が指し示すものも変容したことも見逃せない。当初は「洋楽に比肩するようなハイレベルな邦楽」をくくり出す言葉として生み出されたのであるが、結局のところ、フォークもロックもアイドル歌謡曲もひとくくりにするような「くくり」として流通していったのであった。すなわち、その「くくり」が示すものもまた社会のなかで変容するということになっているのである。ある社会状況のなかで、ある言葉の「くくり」が流通し、そこに自分が捉えられることによって自分が何者かという現実が立ち上がる。そして、それはメディアや技術などの変容によって変化しつつ、私たちの現実感を構成しているとみることができる。

【注】

（１）この区分は、おもに邦楽という日本国内の音楽に限った分類である。その外側には、洋楽（海外のロックやR&Bなど）があり、熱心な洋楽ファンにおいては、全く邦楽を聴かないというような者もみられた。そうした洋楽ファンの一部には、日本のロックやニューミュージックを洋楽よりも一段レベルの低いものとしてみなすようなむきもあった。

【参 考 文 献】

烏賀陽弘道　2005『Ｊポップとは何か――巨大化する音楽産業』岩波新書
玄田有史・曲沼美恵　2004『ニート――フリーターでもなく失業者でもなく』幻冬舎
高根正昭　1979『創造の方法学』講談社現代新書

Bookガイド

烏賀陽弘道　2005『Jポップとは何か──巨大化する音楽産業』岩波新書：Jポップというカテゴリが社会に広まっていく様子を詳しくみるならば、この原典にあたってほしい。Jポップという言葉の普及の背景に、音楽業界をめぐる大きな地殻変動があったことが鮮やかに描かれる。

本田由紀・内藤朝雄・後藤和智　2006『「ニート」って言うな！』光文社新書：Jポップの章のブックガイドとしては奇異に映るかもしれないが、カテゴリをめぐる政治性を簡明に理解するならば本書がおすすめ。ニートとはどのようなカテゴリなのか、そのカテゴリを使用する問題点は何か、新たなカテゴリで捉えるとすればどのような線引きがありうるのか。カテゴリを変えることは、社会問題のあり方を変えることにつながっている。

第Ⅱ部
生産・労働編

私たちは社会のなかでどう管理されるのか？

　市民社会を生きる私たちは、自由が保障された存在であるということができる。その一方で、社会生活を送るなかでは、社会的に管理され統制されながら生きていることも確かである。しごとの世界では、いろいろなルールに従い、命令系統に属しつつ働くことが求められ、学校に行けば、服装や髪型のきまりに従わなくてはならない。私たちの暮らしは意外に窮屈なのだ。

　近年、この管理・統制のあり方に変化が生じてきていることがここかしこで指摘されている。それは、口うるさく統制されるような管理から、自由を許されているようで実は管理されているというような管理への変容である。

　第Ⅱ部は、生産・労働編という位置づけもあり、学校や労働世界での管理のありようを中心にみていく。

パノプティコンとは何か
監獄と私たちの社会の深い関係 ⑥

> 　第Ⅱ部では「私たちが社会のなかでどう管理されるのか」をみていくのであるが、まずChapter6では、フランスの大哲学者ミシェル・フーコーの著作『監獄の誕生』から、近代社会が私たちをどのように管理統制しているのかについて考えていく。
> 　監獄とは、いってみれば刑務所のことである。多くの人は自分自身の生活と刑務所とを結びつけて考えることはしないだろうし、また、自分の行動が刑務所のように管理されているとは理解していないだろう。しかしフーコーは、監獄をみると近代社会の管理のあり方の本質がわかると指摘する。どういうことなのだろうか？　早速、みていくこととしよう。

1．専制君主制下の刑罰

　フーコーは、犯罪を犯した者がどのような刑罰を受けるのか、この場面にこそ、その社会の管理・統制のあり方が色濃く透けてみえると考えた。監獄というのは近代社会になってから発展したものであり、それ以前の社会では直接的に人間の身体を痛めつける身体刑が行われていた。まずは、その近代的な監獄の誕生する前の時代、すなわち君主＝王が統治する時代の刑罰をみていこう。『監獄の誕生』の冒頭では、反逆者ダミアンが身体刑にかけられる場面が生々しく描かれている。

（1）華々しい身体刑
　「1757年3月2日、ダミアンにたいして次の有罪判決が下された」（フーコ

― 1975：1977, p.9) という。

「手に重さ二斤の熱した蝋製松明をもち、下着一枚の姿で、パリのノートルダム大寺院の正面大扉の前に死刑囚護送車によって連れてこられ、公衆に謝罪すべし」（フーコー 1975：1977, p.9)

「上記の護送車にてグレーヴ広場へはこびこまれた後、そこへ設置される処刑台のうえで、胸、腕、腿、脹らはぎを灼熱したやっとこで懲らしめ、その右手は国王殺害を犯した際の短刀を握らせたまま、硫黄の火で焼かれるべし、ついでやっとこで懲らしめた箇所へ、溶かした鉛、煮えたぎる油、焼けつく松脂、蝋と硫黄との溶解物を浴びせかけ、さらに体は四頭の馬に四裂きにさせたうえ、手足と体は焼きつくして、その灰はまき散らすべし」（フーコー 1975：1977, p.9)

そして、刑は実際に執り行われたのであるが、判決の流暢な文言が想定しているようにはスムーズに進行しなかった。たとえば、硫黄を燃やしたもののその火は小さく、想定よりも焼け焦げなかったため、死刑執行人は「やっとこでつまんでいる箇所の生き身を、同じ方向に２、３回ねじまげつつ剥ぎとるのに非常に苦労した」という。しかもダミアンの口から王への謝罪の言葉はなく、そのかわり、責め苦を受けるたび彼は「おゆるしを、神様！ おゆるしを、主よ」と叫んだ。「鉄のひしゃくで煮えたぎるどろどろの液をすくって、それぞれの傷口にたっぷりと注」がれても、それに屈服するどころか、大胆にもダミアンは、「時おり顔をあげて自分の体を見」たのだった。

最も苦労を要したのは四裂きの刑であり、馬が慣れていなかったため四頭から六頭へと牽引する馬の数を増やした上、執行人が短刀で「ほとんど骨にとどくまで」筋肉を切って初めて四肢の切断が完遂されたのだった。それでも、刑は、判決の文言どおりに執行され、手足と体の肉片は焼きつくされ灰となった。

身体刑は、このようにきわめて残忍なものである。しかし、「身体刑は、一つの技術なのであり、それは法律ぬきの極度の凶暴さと同一視されてはならない」とフーコーは指摘する（フーコー 1975：1977, p.22)。というのも罪の重さに従って、苦痛の量が定められているからである。たとえば死刑といっても、ほ

とんど苦痛を感じない斬首刑から極限の苦痛を味わう四裂きの刑まで、与えられる苦痛に段階がある。そこでは、犯罪の軽重、犯罪者の地位・身分、犠牲者の位階などを考慮し、身体への痛めつけをどのように行うのか、また苦痛の質、強さ、時間をどのようにするのかが、こと細かに計算されるというのだ。身体刑は緻密な法のもとに行われているとみてよい。

また、身体刑はどこか華々しさを備えたものでもあった。身体刑は、ときに残酷な儀式——見せしめ——として執り行われ、また、ときに身体に消えぬ傷痕を残させることを通じて、「刑の犠牲者を不名誉な人間に仕立てあげ」る（フーコー 1975：1977, p.39）。刑を受けることは罪を〈浄化〉させることにほかならないが、身体刑の場合は、「清浄潔白」にしてくれるわけではなく、烙印など身体に消え失せぬ印を残したり、晒し台の刑などそれを見る観衆に消え失せぬ印象を残す。

司法の側からみると、身体刑における受刑者を痛めつけ屈服させるプロセスは、まさに司法が犯罪にたいして勝利を収める場面である。そこでは、残忍な暴力もまた「司法の栄光の一部分をつくる」重要な構成要素となる。したがって刑が華々しく執り行われるほど、司法の勝利を華々しく示すことができるということができる。その意味で「身体刑は華々しくなくてはならない」のである（フーコー 1975：1977, p.39）。

（2）専制君主制下の犯罪と刑罰

それにしても、なぜ専制君主制において身体刑が行われるのであろうか。そのことを考えるにあたり、社会学者の桜井哲夫の優れた著作を下敷きにし、専制君主制のもとでの犯罪が、どのような意味をもっているのかから考察していきたい。

専制君主制では、王に主権があり、領地や領民というように、土地や人民は王の所有物という意味合いがある。領地において犯罪が起きたとする。近代社会において犯罪は、誰かの権利や財産を傷つけたり、社会的な不安を引き起こすものということになる。しかしながら、専制君主制のもとではそうはならず、

犯罪は君主の人格や権威を傷つけるものとなるという（桜井 1996, p.231）。そして、傷つけられた君主の権威を回復するべく、刑罰が行われる。そこでは、権威を傷つけた者を確認し、刑罰を通じてその者が屈服することを通じて、権威の回復を示すというやり方がとられる。まさに、身体刑はこうした刑罰に適合した刑のあり方とみることができるだろう。先述のダミアンに与えられた苦痛は、罪の重さを物語り、ダミアンの亡骸は、再び王の権威が回復したことを示すのである。

しかしながら、「犯罪は君主の人格や権威を傷つける」といわれてもピンとこない人もいるかもしれない。筆者は、この単元を扱うとき、次のようなたとえを使っている。

> まずは、偉い大学教授になって講義をしているつもりになってください。講義中、ある学生のグループが私語を始めました。私語は他の学生の迷惑になるからしてはいけないのですが、偉い教授には、少し違った形で見えていました。
>
> 「私の講義で、学生風情が私語をするとはけしからん」
> 学生は授業を黙って聞くものであるのに、盛大に私語をするとは何事か。彼には私語によって自分が馬鹿にされ、ひいては大学教授としての権威までもが損なわれたというように感じるのでした。つまり私語によって大学教授の「人格や権威が傷つけられた」と感じていたわけです。

大学教授の例とは比べものにならないほど王の権力は強大なのであるが、「犯罪は君主の人格や権威を傷つける」とは、この感覚に近いと理解できるだろう。

> そして、私語に腹を立てた大学教授は、学生を見せしめのように注意しました。彼は、他の大勢の学生が見るなかで、私語をした学生たちに教室からの退場を命じました。おずおずと教室を後にする学生たち……。
> そうして教室は静かさを取り戻し、教授の講義が再開されるのでありました。

私語がいかに悪い行動であるかを衆人監視のもと確認し、彼らを教室から退

去させる。そうすると再び教室に秩序が戻り、それと同時に傷つけられた教授の人格は癒され、その権威もまた回復することになる。専制君主制においては、君主の権威が先に立ち、それに付随するものとして社会の秩序があるとみてよいだろう。

2．改革者たちの刑罰

　市民革命によって専制君主制が倒され、近代社会の幕が開かれると、刑罰のあり方も変容してくる。刑罰というのは見ることができる表面に現れた変化で、大きな変化は、より深部で生起していた。

　改革者たちは、一人ひとりの市民に主権がある社会をつくりだしていった。だが、語弊を恐れずにいえば、これは一人ひとりが王であるというようなものであり、各人が暴君のように好き勝手に振る舞えば、たちまち秩序が乱れる事態も容易に想起できる状態にある。しかも、個人を強制するものは以前の社会よりも弱まっている。このような社会では、一人ひとりが王であることが保証されつつ、暴君のように好き勝手に振る舞わないような社会統制や管理が必要となる。これに関連してフーコーは、服従させられ訓練させられる「従順な身体」がつくられていることを指摘した。人々は、いわば王と同等でありながら、従順であるように仕立てられ、さらに「規律訓練」（ディシプリン）を受けることによって、ある種規格化された人格に仕立て上げられるという。

　そうした身体をつくりあげるような管理システムとは、どのようなものだろうか。具体的にいえば、監獄や学校、病院、工場、兵舎等々ということになる。人々は、こうしたシステムで、「規律訓練」を受け、規則を内面化した従順な個人になっていくとフーコーは指摘する。「監獄とは、いささか厳重な兵舎、寛大さの欠ける学校、陰鬱な工場だが、極端な場合でも質的な差異は何ら存在しない」（フーコー 1975：1977, p.232）とすらフーコーは言及している。

（1）新しい刑罰のあり方と監獄

　改革者たちが統治する時代では、犯罪とは、すでに「君主の人格や権威を傷つける」ものではない。犯罪とは、同じく桜井が指摘するように、「社会の秩序を乱し、不安を与えるもの」ということになる（桜井 1996, pp.231-232）。新しい時代においては、犯罪者は監獄に入れられ、今後犯罪を起こさないように矯正されたのち、社会に復帰していく（1）。見せしめのために痛めつけられるのではなく、社会に復帰できるように教育を施されるのである。

　監獄が、この時代に適合的であるのは、①人を閉じ込めて従順にする規律訓練を行う装置であるからなのであるが、他にも、②自由が保障される社会のなかで自由を奪うことは、平等主義的な懲罰であること（罰金では裕福さによってその重みが違う）、③刑期の長さで量刑を正確に数値化できること等をフーコーは指摘している。19世紀を通じて、監獄は急速に発展を遂げることになる。なかでも、究極の規律訓練システムといえる監獄が、功利主義で知られるイギリスの社会思想家であるベンサムによって考案された。それこそがパノプティコン（一望監視装置）というシステムであった。これは実現しなかったが、フーコーは、パノプティコンに近代社会の管理の本質をみいだした。

（2）パノプティコン（一望監視施設）：究極の管理装置

　図6-1は、ベンサムのパノプティコンの設計図である。下部が平面図となっているが、半円形の外側の円周部分が牢獄となっており、囚人はここに収容されることになる。この独房には、大きな窓が二つ設置されており、房内には光が十分にとり入れられるようになっている。いわば光に満たされた牢獄となっているわけである。

　これは、旧来の土牢が光を十分に与えられず、看守の見回りの際に分け前的に光が与えられるのみであったのと対照的なしくみとなっている。パノプティコンは、囚人を不快な空間に閉じ込めておくことを目的としたのではなく――Pan（=all）、opticon（=observe）、すべてを見通す（目）という意味があるように――光を満たすことで囚人の監視を徹底できるように設計されたものである。

その監視は、半円の中心にある監視塔から行われる。なるほど功利主義者の設計であるからして、ごく少ない人数で効率的にすべての独房を監視できるような設計となっている。ここから日本語では、一望監視施設と訳される。

囚人は不気味にそびえ立つ中央の塔からの視線を感じずにはいられない。もしこれが、土牢であったならば、そのような視線は看守が見回りにきたときにしか感じられないかもしれない。

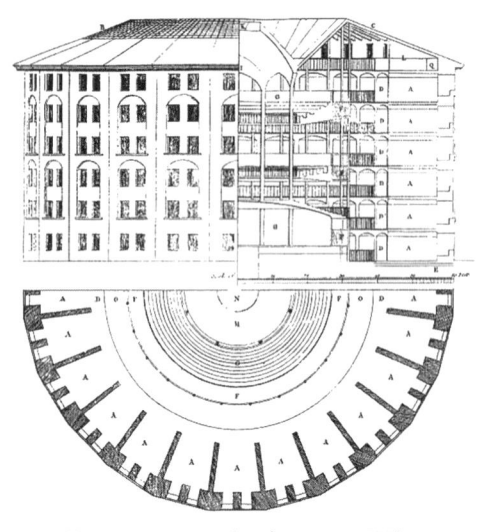

図6-1　ベンサムのパノプティコンの設計図

しかし、独房が光に満たされていることで、24時間監視されている状態におかれ、その視線を避けることはできない。しかも、中央の監視塔にはスクリーンが張られており、こちらからは監視者の様子は、よくわからないようにできている。これがパノプティコンが、新しい時代に適合的な究極の管理システムといわれる所以なのだ。

筆者の脚色を加えて述べれば、管理システムは次のように機能する。中央監視塔からは、監視員が24時間ひとときも休まず監視をしている。これでも徹底した管理システムなのであるが、究極の管理が発揮される時間は、その後になって訪れる。すべての監視員が中央の監視塔から立ち去り、塔の中身は空っぽになる。しかし、光で満たされた独房からは、そのことは知るよしもない。囚人たちは、相変わらず監視塔からの視線を感じながら、規律正しい行動を続けていくほかないのだ。

さて、このとき囚人を監視しているのは、誰なのだろうか？

囚人は、自分で自分を監視してしまっているということになる。より正確に

いえば、塔の視線を内面化し、自分を自分で律しているということになるのだろう。これが究極の管理のあり方ということになる。

(3) 透明な権力

端的にいえば、他人を従わせる力のことを権力という。専制君主制の時代の権力とは、直接的に身体に働きかけ、強制的に何かをさせるものである。強力な王権は、そうした力で民衆を支配することができた。しかし、その権力がいかに強力であっても、目の前から権力者がいなくなれば、人々はすぐに行動を変えたにちがいない。ところが、無人の監視塔がもつ権力は、直接的に身体に働きかけることはないが、諸個人に監視の視線を内面化させることによって、個人の行動のあり方を規定していく。

このような働きをもつ無人の監視塔とは社会システムそのものとみることもできる。改革者の時代には、私たちは、一人ひとりが王であるからして、他人から自分の身体の自由が奪われ、何かを強制されることはほぼない。しかしながら、この社会のなかで、私たちはパノプティコンの囚人のように、規則を守る従順な個人として自分で自分を律しながら生活するように、見えない力で管理されている。そうして社会秩序が保たれている側面があるといえるだろう。

専制君主時代の身体に働きかける権力は、顕在的なものであり、強制というかたちではっきりと目に見ることができた。しかし、パノプティコンにみられる権力は、桜井が指摘するように透明なものとなっている。

3. 結語：規律訓練と私たちの生活

現代の私たちの生活においても、規律訓練は行われている。たとえば、小学校時代から、時間を守ること、挨拶をすること、目上の人への言葉遣い、規則正しい生活をすることなど、さまざまな規律を教えられてきた。これらは、社会常識を身につけるなどといわれるが、フーコーの指摘を繰り返せば、規則や規律に従う「従順な身体」をつくるための所作ということになる。「従順な身

体」でいてくれないと、「一人ひとりが王」の社会は立ち行かないのであり、そうした身体をつくるしくみとして——監獄はひとまずおいておくとして——学校や工場、病院などが存在しているということになる。

　筆者は、小学校で日本国憲法の授業を受けたとき、こんなに自由や権利を享受しているのかとうれしく思った覚えがある。ほっこり、安心する感覚である。ところが、日常生活といえば、別に虐待を受けた経験などないし、むしろ恵まれた、のほほんとした暮らしを送ってきたものの、どこか汲々したものを感じていた。とくに学校生活のなかでは、よくよく考えてみれば、こうしなければならないという規範に囲まれて生きており、したがって、時間に遅れてしまったとき、宿題をやっていかなかったとき、用意するものを忘れていったときなどのいやな気分は、独特のものがあったように思われる。

　しかし、日本における学校教育を通じた規律訓練は1990年代以降、弱まっているという考え方もある。確かに1980年代には、「管理教育」ともいわれたようにこと細かに規律を守らせる教育が行われていたものの、1990年代には、「ゆとり教育」や「個性尊重・自己実現」などをキーワードとする教育改革によって、学校は生徒の主体性や自由を尊重するようになってきているからだ。

　しかし、それでも私たちは、いざとなれば自分を自分で律する従順な身体、この本でいえばカラダを有しているということができるだろう。それがよくわかるのが大学生の就職活動ではないか。会社説明会や面接となれば、ド派手な茶髪の学生も黒髪に染め直し、紺のリクルート・スーツにストライプのネクタイといった姿で会場入りし、姿勢を正して椅子に腰掛ける。この一連の行動や服装は、会社組織のメンバーとして、きちんとしごとをすることができる——会社の規律に従い、命令系統のなかで従順に働く——ことを示すものとなっているとみてよいだろう。これらのことは、しばしば「社会人としての常識」という言葉で語られる。フーコーによれば、近代社会に特有の規律訓練の成果ということができるし、そうした社会的な管理・統制のなかで私たちが生きているということでもある。

【注】

（1）さきほどの講義の例を引き合いに出せば、改革者の時代の教室における私語の意味は、「私語は、講義をまじめに聞いている人々の妨害になる」ということである。そして、私語をした学生は、教室から退場させられるのではなく、一定の説教を受け、おとなしく授業を聞くことを確認されて、教室に残される。

【参 考 文 献】

Foucault, Michel 1975 *Surveiller et punir Naissance de la prison*, Gallimard. 訳書1977　田村俶訳『監獄の誕生——監視と処罰』新潮社

Chapter 7 学校とパノプティコン
慣れ親しんだ空間の考古学

　Chapter6でみたようにフーコーは規律訓練機関の一つとして学校を捉えた。確かに、いまでも小中学校では、学年集会などのときに「体育座り」とか「体育の座り方」といわれる姿勢で話を聞くことがある。中国の学校でも、双方の手のひらをそれぞれ逆の肘に当てて、机の上におく姿勢で話を聞くことがあるという。話を聞く姿勢以外に、小学校では授業の始めと終わりの挨拶などの際に手の位置やお辞儀の角度などが指導されることも珍しくない。学校教育には、こうした身体的な訓練ないしは身体的管理がつきものになっているということができるだろう。
　本章では、どのようにしてこうした規律訓練が近代の学校制度にもち込まれたのか、また、それを支えるしくみが古くから学校のなかにビルトインされていることをみていく。

1．発明された学校

　私たちがよく知っている学校の教室とは、おもに教師と生徒が対面するかたちで机が整然と並べられたスタイルなのではなかろうか。結論を先取りしていえば、この教室のスタイルこそ、近代学校における学習のありようを下支えするものということになる。近代学校における学習とはどのようなものなのか、またそのことと教室とはどのような関係になっているのかをみていこう。

（1）日本：輸入された学校システム
　教師−生徒対面式の教室が当たり前でなかったことは、寺子屋の風景をみれ

ば一目瞭然である。図7-1に示すように寺子屋にあっては、生徒同士が対面するような形で机が配置されている。因みに左上の部分には、できあがった課題を先生に見せる生徒の姿がみられる。こうした風景は、現代においても、習字塾などに残っているかもしれない。

寺子屋では、生徒の進度はまちまちで、別々の課題に取り組んでいた。ここでは個別的な学習が行われており、自分の課題ができると先生に見てもらいに行った。このような方式では、必ずしも生徒全員

図7-1 寺子屋（柳 2005, p.135）

が前を向くように机を配置する必要はなかった。実際、後述するように全員が前を向くような教室は、一斉授業を行うために発明されたといってよい。

さて、日本では明治維新の後、外国から輸入する形で近代教育制度を構築していった。その際、一斉授業式の教室が輸入されることとなった。近代教育の開設といっても、最初のうちは、どのように教育を行っていけばよいか、教える側にもよくわからなかったという（森 1993）。したがって、近代教育が輸入された初期においては、教師用のマニュアルが用意されていた。寺崎弘昭は、そうしたマニュアルの著者の一人である林多一郎を紹介しつつ、学校制度に触れた多一郎の驚きを次のように記している。

> 「『学校』というものは学習行動の一斉性によって成り立つものだ、という驚きを含んだ発見の自負が滲み出ている。それは、前方教壇上に屹立する教師に正面きって対面する生徒たちという配置と、その際の身体・姿勢がどのように規律されていなければならないかということ、との重要性をも同時に図解の力によって伝えようとしている。これこそが『学校』の学びのかたちなのだ。」（寺崎 1995, p.103）

図7-2は、その驚きをもって書かれたという林多一郎の教師用マニュアルである。なるほど、中央には教師が堂々と屹立しており、教室を配下におくがごとくに授業を行っている。生徒は、ぴんと背筋をのばし、皆同じ姿勢で授業を聞いている。寺崎が指摘するように、学校の本質とは「学習行動の一斉性」にあるのだということがマニュアルの作者によって読みとられたわけである。「学習行動の一斉性」とはいまでは当たり前であるかもしれないが、当時は驚きをもって体験されたものだったのだ。

図7-2 明治初期の教師用冊子(林多一郎 1874『小学教師必携補遺』:寺崎 1995, p.102)

(2) 英国:ランカスター・システム

日本の場合には、近代学校教育とは明治期に輸入されるかたちで経験されたものであった。それでは、西欧の場合にはどうだったのだろうか。ここは寺崎昭弘(1995)、柳治男(2005)らが詳細に検討した英国のランカスター・システムを中心にみていきたい。

柳によれば、ランカスターというクウェーカー教徒の若者(20歳)が、モニトリアル・システムという「風変わり」なしくみをもった学校を1798年に設立したという。ランカスターは、貧しい家の子どもたちが教育を受けられるように、安価な形の教育システムを考案した。当時の学校では、教師は、一人ひとりの生徒を相手に教えていたため、その子の進度に合わせて——逆にいえば、場当たり的に教えればよいという側面もあったという——教えていた(柳 2005, pp.32-33)。そうしたやり方では、教員を用意するだけでも非常にコストがかかることになる。ランカスターは、コストを抑えつつ、大勢の子どもたちに学校教育を受けさせるシステムを考案したのだった。

そこで発明されたのが、3R's(読み・書き・計算)の教育に特化し、一斉形式で授業を行うやり方であった。さらに、教員を雇うコストを減らすために、(年

長の）生徒に生徒を教えさせるしくみが考案された。教師のかわりをする生徒のことをモニターといい、モニトリアム・システムとは、モニターを擁して一斉に授業を行うやり方やそのための教室装置全体を指す。

図7-3、図7-4は、ランカスター・システムをいまに伝える貴重な図画である。図7-4は教室の平面図で、図7-3は教壇側から教室を眺めた光景である。このような施設（＝本書で言う社会的装置）において、どのように教育が行われたのか、詳しくみていこう。

実は、進度ごとにクラス分けがなされており、1クラスが机の列に対応するよ

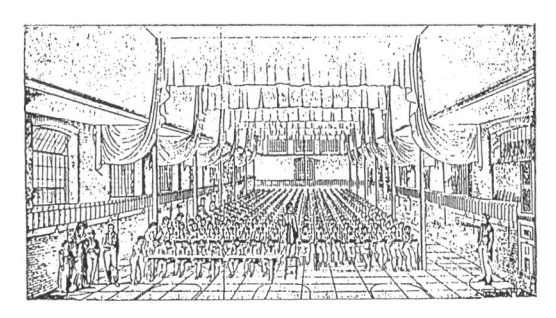

図7-3 ランカスター・システム：教場を教壇から見た光景
（Seaborne, M., 1971, *The English School: its architecture and organization 1370-1870*：寺崎 1995, p.105）

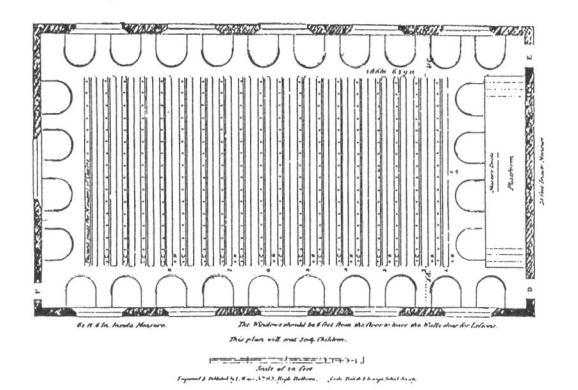

図7-4 ランカスター・システムの平面図（Seaborne, M., 1971, *The English School: its architecture and organization 1370-1870*：寺崎 1995, p.105）

うに着席する。図ではみにくいが、各列の横にローマ数字の番号がふられたプラカードが立てられている。これをスタンダードといい、進度ごとに分けられている。これがクラスに相当するというわけである（柳 2005, pp.40-42）。

モニターは、スタンダードの10人程度を相手に一斉授業を行う。教材は何かというと、各自の教科書を用意するほどコストはかけられないので、教授内容が記された掲示である。その掲示は、平面図（図7-4）における、教室の壁際にあるリーディング・ステーションという半円形の部分にかけられており、筆記

第7章 学校とパノプティコン　93

を伴わない学習は、そこで行われた。そして、一つの学習が終わるとクラスごとに次のリーディング・ステーションに移動していったのである。筆記を必要とする場合には、生徒は、例の所定の机に横一列に座って、スレート（石板）に答えを書く。それをモニターが点検するという具合になっている（柳 2005, pp.42-44）。

さて、ランカスター・システムでは、規律訓練の時間があり、「全員一斉行動」を行った（寺崎 1995, p.106）。ここでは、秩序維持を担当するモニターが登場し、号令を出し、起立や着席等を行う。このとき、各列の側面から別のモニターが、そして生徒の正面からは教師が監視しているのである。

教師と生徒が対面するランカスター・システムの教室は、このように監視がやりやすくなっており、ランカスター自身も「これらの配置は、秩序に貢献するのみならず、教師に違反者の発見を容易にするのである」と記しているという（寺崎 1995, pp.106-107）。さらに、寺崎が的確に整理するように「学習というワークにまつわる身体技法を習慣（ハビトゥス）として学習行動の一斉性の中で形成すること。これこそがランカスター・システムの目的」であり、生徒は、こと細かな姿勢まで「正面からと側面からと同時に監視され規律（discipline）され」、「子どもは『生徒（discipulus）』と化する」という（寺崎 1995, pp.106-107）。

なぜ、このような規律訓練が必要なのだろうか。これだけの巨大システムのなかで、少数のモニターで多数の生徒を教える際には、生徒が号令に従ってスムーズに動くように躾られていなければ学習が成り立たないと考えられる。ランカスター・システムは、号令に従う従順な身体を必要としているということができる。

ランカスターは名声を得たものの、その後、学校拡大の際の借金を抱え、それにまつわる詐欺で投獄されることとなった。そして、ランカスター・システムは、3R's 以外の教育の需要が増え、ますます学校が巨大化するなかで限界に達し、ついに終焉を迎えることとなった（柳 2005, p.58-59）。

しかしながら、一斉授業と規律訓練という二つの要素は、その後の教育の基底をなしつつ存続し、明治初期の教師マニュアルに、そしてなにより現代にお

ける私たちの教室にも受け継がれている。

2. 近代学校とパノプティコン

(1) ランカスター・システムとパノプティコンの同型性

すでに読者はお気づきかもしれないが、このランカスター・システムの教室は、Chapter6で扱ったパノプティコンとの同型性を指摘できる。

寺崎(1995)によれば、基本的には、ランカスター・システムの教室も一望監視の機能が備わっており、そこで生徒は徹底した監視のもとで規律訓練が行われる。教壇が中央の監視塔であり、その方向に対面するように配置された生徒の机が囚人が収容される独房にあたるのである[1]。そして、その精度や強度こそ異なっているものの現代の学校教育の教室にも同等の働きをみいだすことができるだろう。

というとパノプティコンでは独房であったが、ランカスター・システムでは独房ではなく、生徒は個人というよりも、集団を形成しているのではないかという疑問が生じる。これについても寺崎はつぎのような論理で、その独房性を指摘する。

>「競争はこの場面では諸個人を孤人化することに貢献するのだ。諸個人間に『見えない壁』が形成され、目に見えない独房が出現するのである。」(寺崎 1995, p.110)

つまり、学校での学業競争によって生徒間の関係は相互に競争相手としての性格を帯び、ここでは、共に学ぶというよりも、自分の順位を出し抜かれかねない邪魔者としての位置づけが顕在化するということになる。ここでは学校教育において競争的性格が強くなればなるほど、独房性が高まるということがいえるだろう。

寺崎は、現代の学校教育の教室、すなわち現代の小学校〜高校においては学級を単位として教育活動が営まれているが、これはランカスター・システムが

いわば「細胞分裂」した姿と捉えている。現代の学校教育もまた、ランカスター・システムを基底にした「監視空間」という側面を一定程度有していると理解しているのである。

　もはや私たちにとって学校の教室は、ごく当たり前のもので、その前提を疑うことはあまりない。その教室は、以上にみてきたようなルーツがあり、近代社会の管理装置として機能しているといえるのである。

（2）生―権力による管理

　Chapter6でみてきたようにパノプティコンの議論を通じて、フーコーは、権力——すなわち簡略化していえば、人々を服従させ、行動を促すような力——のあり方の変容を捉えた。専制君主制の時代においては、権力は、いわば王に従わなければ殺されるというような、身体に働きかけるものであったが、パノプティコンでは、自分で自分を律させるものへと変容していた。ここでフーコーは、専制君主制の時代の権力は、野蛮で強力ではあるが、王に従う限りにおいて、それ以外の行動は意外に自由だったと振り返る。つまり近代社会における私たちのほうが、自由が保障される存在であるにもかかわらず、意外にも生活のさまざまなレベルで、「ああしなければいけない、こうしなければいけない」ということが増えているというのだ。この権力は、私たちの生に介入し、行動を管理していくという意味で「生―権力」と呼ばれている。そして近年、ますます「生―権力」の力が増大しているように思われる。

　たとえば、筆者には耳が痛いが「メタボ」という言葉とともに、食生活改善運動がキャンペーン化している。これは、私たちの食生活に積極的に介入してくる力を伴っている。「メタボ」キャンペーンというのは、太った体型の人を生活習慣病等を引き起こしかねない社会的リスクと位置づけるものであり、改善しなければ社会の損失につながるという意味を多分に含んでいる。社会に損失を与えないためにも至急、生活を改善せよということなのである。

　王権の時代には、王のルールに従う限り、おそらく太っていること自体が問題視されることはなかったであろう。仮に他人から「デブ」などという侮蔑語

を浴びせられることがあったとしても、太ること自体はその人の自由であったはずだ。

「生―権力」の重要な構成要素の一つが、これまでみてきたように学校などの規律訓練にまつわる権力である。繰り返しになるが、服装や髪型、挨拶の仕方から鉛筆の持ち方まで、近代社会を生きる私たちは、こうした権力のさまざまな介入を受けているとみることができる。学校は、現代においても、この権力に関わる社会的装置といえるだろう。

さらにいえば、社会統計なども権力を構成するものの一つにあたるという。近代社会は、統計を通じて社会がどのような状態になっているのかをチェックする機能があるという。たとえば、少子化の度合いを出生率で計測し、それが進んでいればたちまちニュースになる。自殺率や離婚率、交通事故の件数、伝染病の状態、衛生状態なども、問題があれば国民や住民全体に働きかける要素になる。そして私たちは、改善を意識した行動をするようになるのである。

3. 結語：学校を批判的に捉える

私たちが通っている学校とは何だろうか。Chapter6からChapter7でみてきたことは、その一つの答えを導き出す材料になったにちがいない。近代の学校教育とは規律訓練を行う社会装置ということになるだろう。

こうした見方で学校をみることを、学校を批判的に捉えるという。批判的というのは、学校を悪者としてみるというわけではない。学校は、私たちにとって日常生活の一部分であり、私たちはそれが何かというようなことを考えずに生活をしている。そうした状況を抜け出し、「学校が社会的にどのような機能を果たしているのか」をきちんと分析的に捉えること、これが批判的ということになる。

近代学校とは、国家が国民を統治するための教育機関とみることができる。日本では、明治期に入って教育制度が確立するが、とりわけ義務教育段階では、限られた人々ではなく国民全体に教育を与える必要があった。このとき限られ

た資源のなかで実際に運用可能な——つまり安価な——教育のしくみとして輸入されたのが、一人の教師が多数の生徒を一斉に教えるやり方であったとみることができる。一斉授業が成立するためには、ランカスターがきわめて早い段階で気づいていたように、生徒一人ひとりが号令や指示に従うような従順なカラダに仕立てあげられることが必要であった。だから、学校内部では規律訓練がなされたのであり、また、人々を従順なカラダに教育することは、明治政府の国民統治にとっても好都合であったにちがいない。その後、教師-生徒対面型の教室は、戦後の教育にまで受け継がれたが、たとえば一般社会よりも厳しい規律を定めた校則があるなど学校内部が規律空間となっていることも基本的には変わりがない。また、教師-生徒対面型の教室での一斉授業という形式は——個別学習に比べて——学級集団にたいして均質な学習経験を与えることができるから、公教育の平等性を担保するしくみとみることもできる。そうした意味で一斉授業やそれを支える教室は戦後教育にもフィットしてきたといえるだろう。

　このように学校は、規律訓練機関として私たちが生きている近代社会を支えていることは確かである。一方では、そうした社会装置がなければ「市民一人ひとりが王である」ような社会を秩序立てて管理することはできないだろう。しかしながら、他方では、学校のパノプティコン的しくみによって、諸個人の生が縮減させられたり、歪められたりする可能性を併せもってしまう。いわば骨格であると同時に、足枷（あしかせ）でもあるということになるのだろう。寺崎昭弘 (1995) は、現在の学校を「希望が見いだせず、また学校の存在理由そのものが根元から揺らいでいる」と位置づけたが、その原因として現代の学校になおパノプティコンとしての性格が残存していることを挙げている。現代の学校にも規律訓練はあるし、学校での学びには必ず評価がセットになっており、結局のところそれをもとに選抜がなされている（個人は、成功と失敗のものさしのなかに配置されてしまう）。いま学校では、学びを豊かにするためのいろいろな実践が行われているが、規律訓練や選抜・競争があるという性格は残存したままであり、それがときに児童・生徒を苦しめるということなのだろう。

　「学校を変える」ということをつき詰めて考えると、近代学校がもつ宿命的

な問題に取り組まなくてはならないというのが、寺崎が私たちに示してくれた問題提起とみることができる。実際、寺崎は近代学校以前の「〈教育〉の古層」にそのヒントを求め、それが〈産〉（生み育てること）と深いつながりをもっていることに注目したのだった。そこから、能力形成や人材育成といった近代的な「教育」とは違う論理の〈教育〉を再発見していくというわけである。

　学校をよりよくすることを考える場合、本来的には、寺崎が構想したような大きなスケールの問題が常に関わっている。教育のことを考える人には——たとえば教師の力量のせいで教育問題が起きているというような近視眼的発想に陥ることなく——学校教育のルーツを知り、一度、批判的に捉える作業を行ってほしい。難しい課題にぶつかることは確かであるが、まずはその視野を広げることができるはずだ。

【参考文献】

森茂雄　1993『モダンのアンスタンス——教育のアルケオロジー』ハーベスト社

寺崎弘昭　1995「近代学校の歴史的特異性と〈教育〉——『学校』の近代を超えて」堀尾輝久・奥平康照他編『学校とはなにか（講座学校第一巻）』柏書房

柳治男　2005『〈学級〉の歴史学』講談社選書メチエ

Bookガイド

寺崎弘昭・周禅鴻　2006『教育の古層——生を養う（かわさき市民アカデミー講座ブックレット）』川崎市生涯学習財団かわさき市民アカデミー：本章でみたように、寺崎は近代教育以前の「教育の古層」に現代の教育が目指す道を求めた。それでは、「教育の古層」とはどのようなものなのか、多面的に「教育の古層」に迫っていく。

小玉重夫　2013『難民と市民の間で——ハンナ・アレント『人間の条件』を読み直す（いま読む！名著）』現代書館：フーコーは人間を矯正する施設たる監獄に近代社会の原理をみいだしたのにたいして、アガンベンは人間を排除する施設たる収容所にその原理をみいだした。小玉は、現代の学校に——市民を育てる機関でありながら——難民収容所のような側面があることを感じとっている。そうした現代の学校社会において、シティズンシップを育てる教育とはどのようなものになるのか、ハンナ・アレントを読み解くことを通じて模索していく。

コラム：いじめ概念をゆさぶる

　近年、大津の事件をはじめとして、いじめ問題が再燃している。Chapter5で扱った概念にかんしていえば、いじめという言葉のくくりのあり方が問題を複雑にしているように筆者には思えてならない。
　いじめに似た概念にハラスメントがある。ハラスメントとは嫌がらせや迷惑行為のこと。具体的には、セクハラ（セクシャルハラスメント：性的嫌がらせ）、アカハラ（アカデミックハラスメント：大学や研究機関での嫌がらせ）、パワハラ（パワーハラスメント：職場で地位の低いものなどへの嫌がらせ）などがよく知られている。おもに上司などの権力関係にある者による嫌がらせ行為がパワハラ、セクハラなどの対象となるが、そこには同僚も含まれている。とすれば、大津のいじめ事件でも、暴力行為を受ける、服を脱がされる、持ち物を壊されるなどがあったというから、これはハラスメントというくくりで捉えてもよいのではなかろうか。
　筆者は、いじめというくくりではなく、ハラスメントというくくりで捉えたほうが、大津の事件のようないじめ事件は、よりすっきりとした対応ができるのではないかと考えている。どのようにすっきり行くのか、セクハラにおける対応といじめにおける対応の違いを比較する思考実験をしてみたい。

＊被害者の救済が第一のハラスメント対応

　おそらく大変な闘争の末、勝ち取られた成果なのだろう。セクハラやパワハラでは、被害者の救済を第一に考えた対応がなされている。通常、ハラスメント認定は、被害者が不快と感じるかどうか、ハラスメントと感じるかどうかを基準としてなされる。だから同じ行為であってもある人が行った場合にはハラスメントになるが、ある人が行った場合にはハラスメントでないといったことが起きてしまうのだが、被害者の救済を第一に考えた処置がなされることとなる。その上で、たとえば東京大学では「相手が断りにくい状況で執拗に交際の働きかけをしたり、性的行為に誘うこと」「むやみに相手の身体にさわること」などがセクハラとなりうるという一定のガイドラインが設定されている（「東京大学セクシュアル・ハラスメント　ハラスメント防止のためのガイドライン」http：//www.u-tokyo.ac.jp/per01/d06_02_02_03_j.html）。
　それにたいして、いじめでは、大津のいじめ事件対応でもみられたように、被害者やその家族がいじめと感じていても、学校や教育委員会はプロレスごっこなど別の事象と捉えているというようなことが起きるようだ。ここでは生徒アンケートが実施されるなど、客観的にいじめがあったかどうかを問題にする傾向があり、被害者の感じ方にもとづいていじめ認定をし、被害者を救済しようとする方向性は弱いといわざるをえない。
　その処置についても違いが出ることがある。セクハラなどでは、加害者を被害者から引き

離したり、一定の距離をもたせたりする（接触を制限する）ことは普通にある。ところが、（とくに学校における）いじめでは、お互いをもっと理解させることで解決しようとするなど、接触の度合いを高められたり、維持されたりすることもみられる。これは、教育的な理想という点からすれば、そうした処方もありえるし、それで解決することもあるのだが、一歩間違えば被害者がきわめてリスキーな状況に追い込まれる危険もある。

＊ハラスメントは常に起きる危険があるもの

ハラスメント問題への対応は、まだまだ課題はあるのだろうが、ある程度、うまくいっているように思われる。セクハラについていえば、「ハラスメントはあってはならないが、常に起きる危険があるもの」として捉えられている。こうした見方がなされていると対策もとりやすい。組織内に「セクハラ相談室」や「相談窓口」が設置されている大学や企業も多数みられる。

それにたいしていじめでは、「いじめは、あってはならないし、きちんと運営されている学校・学級ではいじめは起きない」と捉えられているきらいがある。「うまく学校・学級運営がなされればいじめは起きない」というのは、教育という領域ゆえのロマンティックな理念であるが、それゆえ、現実との乖離が生じやすいともいえる。いじめは、ちょっとしたことで起きうるものであるし、子どもだけでなく大人の世界でも起きているのではなかろうか。

ここでは「セクハラ相談室」とは違い——自ら学校経営がうまくいっていないことを示すことになるので——学校に「いじめ相談室」は設置しにくくなる。相談室がすべてを救うわけではないが、いじめ対応が後手後手になりやすい一因といえるだろう。もちろん少なからぬ学校において「教育相談室」というようなかたちで相談の機会が設けられているが、カウンセリングや悩み相談の性格が強い。そこでいじめ関係の相談も受けているが、セクハラ相談のように「ハラスメント防止委員会」などへの苦情申し立てなど、救済の体制が整っているとはいいがたい。

付言すれば、「うまく学校・学級運営がなされればいじめは起きない」というのは社会的にも広く共有されているように思われる。したがって、いじめ問題が発覚すると学級担任や校長、そして学校自体へのバッシングに発展しやすい。もちろん、学級担任がいじめに関与していれば仕方ないかもしれないが、学級でいじめが起きれば「教育者失格」という烙印を押されかねない状況がある。学級制度がある以上、責任の関係からそうした批判は免れないのかもしれないが、このあたりもいじめ問題特有のいやらしさを感じる点である。「教育者失格」とみなされたくないために、教師や学校がいじめがあることをなかなか認めないというのも頷ける。「うまく学校・学級運営がなされればいじめは起きない」という考え方をやめたほうが、むしろ対策がすっきり進むのではなかろうか。

＊告発手段としての自殺

　最後に、相談体制を含めて、いじめ問題で未整備であるのは告発手段であるように思われる。

　セクハラでは、告発があると一定の手続きで調査がなされ、対策委員会や懲罰委員会が開かれるなど、対策申し立ての体制整備が進んできているといえる。もちろん、まだ課題は多いのだろうが。

　学校におけるいじめでは、告発が難しいし、さまざまな理由から告発がなされても対策申し立てのプロセスが動かなかったり、また対応によってはいじめが陰湿化し、事態が悪化してしまう場合がある。皮肉にも、現在最も有効な告発手段の一つが——これこそあってはならないことなのだが——いじめ被害者の自殺であるようだ。それまで何度学校に訴えても変わらなかったものが、一気に動き出し、マスコミも騒ぎ立てる。いじめ被害者が自殺に至るのは、直接的には苛烈ないじめに耐えかねてということによるが、それと同時に被害者も自殺が強力な告発手段であり、加害者にたいする報復手段となりうることを知っているように思われる。

　逆にいえば、いじめ問題の場合、自殺以外の告発に現在の日本社会は恐ろしく鈍感だということかもしれない。

＊スクールハラスメント

　いじめとハラスメントは、共通する部分をもちながら、その原因など違った部分もあるのだろう。それでも、両者を比較することは興味深いように思われる。筆者は、深刻でない段階のいじめについては今までどおり処理し、深刻ないじめにたいしては、スクール・ハラスメント（スクハラ）として処理していくのはどうかと考えている。

　①被害者がスクハラと感じれば、それはスクハラとして問題化される。②何がスクハラになるのかについてガイドラインをつくる（暴力、葬式ごっこ、所有物が壊される、服を脱がされる etc…）。③スクハラは、あってはならないが常に起きうるものと考えておく。④被害者の救済を第一に考えた、告発から対策のプロセスを確立する。

　いじめという言葉のくくりは、いじめ問題のあり方を規定しているように思われる。それをスクハラという別の言葉でくくりなおすことによって、問題のあり方を変える。筆者の感覚では、よりドライに問題を処理できるように感じているのであるが、読者の方々はどう感じただろうか。

環境管理型権力と新しい監視社会
管理に気づかせない管理

> 　街に何気なくおかれた椅子やベンチが、実は私たちの行動を管理する働きをもつことがある。すぐにピンとくる人は少ないかもしれないが、そうした新しい管理のやり方が私たちの生活空間のあちこちに登場してきていると思想家の東浩紀は指摘する。
> 　東は、Chapter6のパノプティコンにみられる権力を規律訓練型権力、新しく登場した管理システムにみられる権力を環境管理型権力と名づけた。

1. 偏在化する環境管理型権力

(1) マクドナルドの硬い椅子

　東浩紀が指摘する環境管理型権力の例は、ファストフード店の硬い椅子である[1]。お客が食事をする椅子を硬くすることで、お客は長時間座っているとお尻が痛くなり、やおら店を出て行く。そうすると回転率が上がるというわけである。この効果を東は次のように表現している。

> 「これは従来の価値観からすると、良いとも悪いとも言いがたい。ビッグ・ブラザーが『食事は三〇分で終えろ』と命令する社会と、イスが硬いせいで何となく三〇分で食事を終えてしまう社会と、『管理』という点では同じ効果が起きているわけですが、そのどちらが良いのかはよくわからない。」(東・大澤 2003, p.34)

　命令やお願いをしなくても、硬い椅子という環境を用意することによって、自ずと訪れる肉体的限界から行動を統制することができるというわけだ。ここ

103

では、店からは何も発していないにもかかわらず、ビッグ・ブラザー(2)による命令と同じ効果が得られていることになる。東は、このような管理の特質を「動物的」という言葉で表現している。

> 「これらはまさに、人間の『動物的』な部分に訴えかけた管理です。テーマパークの設計や都市計画の専門家はそんなことばかり考えていると思うんですが、この『動物的な限界』を、いかに有効に活用して社会秩序を形成するのか、それが今の社会の大きな方向だと思うんです。」(東浩紀「情報自由論第3回　規律訓練から環境管理へ」http://www.hajou.org/infoliberalism/3.html)

もし命令されるにしろ、お願いされるにしろ、「30分したら店を出る」ということを納得して行動に移すとすれば、これは意志や判断が介在する人間的な行動ということができる。これにたいして、環境管理型権力の場合、そうした意志や判断を経ず、快・不快といった動物的な部分に働きかける統制が行われるとみることができる。

このとき、動物的な部分に訴えかける管理では、管理される側は従わされている感がない。いわば、本人にとっては自然に行動しているつもりでも実は行動が管理されているということが起きているということになる。

(2) 環境管理型権力の事例

それではつぎに、環境管理型権力の事例をより詳しくみていこう。まずは、社会問題を独自の視点から取材しているドキュメント映画監督の早川由美子(2006)のホームページから。図8-1に示すベンチは、「それらは、ホームレスがベンチを占領することに対し、市民から苦情が寄せられ、都や区の公園管理課が導入した"ホームレス撃退"の仕掛けを持つ」秘密兵器というわけである。

池袋西口公園のベンチは、モダンなデザインに見えるものの、その機能としては、座面が丸くなっているため、その上に寝転がったり、長時間座っていられなくなっている。区役所の人が、ホームレスの人に退去するようにお願いすれば、拒否されたり、いざこざになったりするケースが考えられる。そこで、

物理的に長時間いられないようにする環境管理型権力が導入されたというわけだ。

そして、これに類似するものに店の周りに水まきをして、若者が「たむろ」することを難しくするコンビニエンス・ストア等がある。

図8-1 池袋西口公園の丸いベンチ（筆者写す）

さらには、鉄道の駅にみられるホームの転落防止柵もその一つである。柵がない時代には、「黄色い線の内側にお下がりください」とアナウンスをしたり、それでも下がらない人にたいしては、駅員の笛や電車の警笛が鳴らされる光景がしばしばみられた。こうしたアナウンスや注意は、東のいうところの人間的な管理ということになるのだろう。だが、時代は転落防止柵を設置して、物理的にホームからの転落を防止する方向に向かっている。東や早川は、こうした仕掛けの増加にたいして——それが安全に寄与するとしても——なんともいえない気持ち悪さを感じているのである。

2．環境管理権力と監視テクノロジー

それでは環境管理権力をめぐってはどのような問題が考えられるのか。東は、環境管理権力と監視テクノロジーとが結びついたところで、いままでの社会では経験されなかったような問題が起きる可能性を指摘している。

このことを論じるにあたり、まずは社会的な監視のあり方の変容についてみていきたい。

（1）監視のニューモード

Chapter6でみたパノプティコンでは、囚人を自分自身で律させる契機が監

視塔の存在であった。囚人は、見られているのではないかということで、自らの行動を正したわけである。このような監視のあり方は、現代社会にもみられる。スーパーなどに設置された万引き防止のためのダミーカメラは、そのいい例である。

　監視といえば現代の日本社会ほど、監視カメラに囲まれて生活をしている社会はないだろう。従来、監視が行われている社会といえば、たとえば旧共産圏の国々であり、国家が設置した監視カメラが市民の動きを監視していたようである。筆者は、それを聞いてぞっとした覚えがあるが、旧共産圏型の監視社会は、国家が市民を監視するというものであった。

　これにたいして、現代の日本は市民が市民を監視するタイプの監視社会であり、ここでは「犯罪の解決や防止につながるならば」と市民自身が監視を望む傾向にある。その結果、街のいたる場所に監視カメラが設置され、私たちは常に監視カメラに写されているといっても過言ではない状況となっている。それでも、多くの人々はそのことに嫌悪感や違和感を感じてはいないようだ。こうした監視のあり方は、パノプティコンの延長線上に捉えられるものと考えられる。

　その一方、デイヴィッド・ライアン（2001：2002）が鋭く指摘したように、新しいモードの監視が登場し、急速に普及してきている。それは、もはや監視カメラに映像として写されるというものではなく、データベースに個人情報が登録されるタイプの監視となっている。

　たとえば、パソコンでWEBを閲覧したときには、WEBサーバーのログに、こちらのIPアドレスと閲覧ページの情報等が記録される。携帯電話では、どの局のアンテナにどの端末がアクセスしたかがデータベースに記録されている。また、クレジットカードを使うと、どの人がどのような商品を買ったかがカード会社のデータベースに記録される。カード式の出席管理システムを利用している大学などでは、どの学生がいつどの授業に出席したかが、やはりデータベースに記録されているのである。

　なぜデータベースが監視と深い関係にあるのかすぐに理解できた人は少ない

だろう。しかしながら、以上でみてきたように個人情報の「断片」がデータベースに記録されていくことは、ある人がいつ何をしたのかがわかるということを示している。これは、人の行動を監視していることとほぼ等しい。

（2）環境管理型権力としての監視テクノロジーの結びつき

東によれば、データベース型の監視テクノロジーが環境管理型権力に組み込まれ、私たちの生活に介在してきているという。たとえば、キセル乗車の取り締まりがそれであり、自動改札機とIC定期券が威力を発揮し、キセル乗車は、ほぼ完璧に撲滅された。

入出記録を監視するテクノロジーによって、目的が達成されたということになるが、これは米国の法学者であるローレンス・レッシグ（1999：2001）が指摘するアーキテクチャによる規制ということになる。レッシグは、犯罪の抑止には四つの方法があると指摘しており、東の言葉を借りてキセル乗車の規制に当てはめてみるとつぎのようになる。

> 「まずは法的規制、つまり重罰化である。つぎは社会的規範による規制、すなわち、家庭や学校で無賃乗車の犯罪性をきちんと教え、子どものころから叩き込むという方向だ。この両者は規律訓練を前提としている。法や規範を教育し、内面化させる制度が機能しなければ、この規制は失敗する。実際、当時の中高生は、キセルが違法行為であることなど頭の片隅で意識するていどで、自分の行為を制約するものと感じていなかった。正規運賃乗車のための規律訓練は機能不全に陥っていたのである。そして三番目は市場の利用、つまり、運賃を極端に安くし、キセルへの動機づけを減らすという解決だ。しかしこれは鉄道会社に大きな損害を与える。
>
> 　自動改札機の導入はこれらの問題を解決する切り札である。自動改札機が導入された改札口では、キセルを試みようとしてもその可能性がない。（中略）その規制は、切符の形態が、磁気券からプリペイドカードへ、さらに個人認証付きのICカードへと変わるにつれ、ますます完成度を上げている。これが四番目の方法、アーキテクチャによる規制である。」（東浩紀「情報自由論第3回　規律訓

練から環境管理へ」http://www.hajou.org/infoliberalism/3.html）

　筆者なりに整理すれば、環境管理型権力とは、規制を行うときに人間の善意や規律的な行動に期待せず、環境や設備を用意することで工学的にコントロールしようとするものとみることができる。この意味でレッシグのいうアーキテクチャによる規制と深いつながりをもっている。
　自動改札によるキセル乗車規制は、「マクドナルドの硬い椅子」のように退店を促すような力を発揮してキセル乗車を抑制するわけではないが、キセル乗車をしようとすれば、もれなく違反を検知する。これも強力な環境管理型権力ということになる。

（3）データベース型監視の危険性とは

　さて、私たちの生活は、環境管理型権力によって知らず知らずのうちに個人情報が集められ監視される機会が増えている。個人情報が収集されていても、違反をしていない限り無問題なのであるが、いざ、何か違反を犯したり、社会的リスク要因とみなされたりといったことがあると、一気に不利益が及ぶ可能性がある。それにかんして東は、「ノーペド」というワーム（コンピュータ・ウイルスの一種）にまつわる事件を挙げている。

> 　「『ノーペド』という名のそのワームは、感染したコンピュータの内部を走査し、児童ポルノと疑わしいファイルを発見すると、関連する行政機関に通知する機能を持っていた。（中略）
>
> 　ノーペドの性能はそれほど高くないらしいが、もし画像判定の精度が十分で、かつ感染力も強いものならば、世界中の児童性愛者にとってこのワームは大きな脅威になったことだろう。」（東浩紀「情報自由論第2回　工学と政治が短絡してしまう世界」http://www.hajou.org/infoliberalism/2.html）

　コンピュータ・ウイルスを仕掛けて監視するという方法は、いかにも穏やかでない。しかしながら、違法画像をもっている側にも問題がないわけではない

のであるから、行き過ぎた監視なのか、あるいは、そうした監視に一定の正当性があるのかどうかを判断するのは実に難しい。

こうした監視を通じて個人情報を収集するような社会の問題とは、ある個人をリスク要因とみなし、排除していくような力が働きやすいことである。すでに米国では、企業が大学生を採用する際、フェイスブックなどのSNSのログを収集して、その学生がどのような発言をしているのかをチェックすることが当たり前になってきている。実際、学生本人は忘れていたような過去の不適切な発言のせいで、就職活動が不利になってしまうことがすでに起きている。

3. 結語：新しい管理についていっていない私たちのカラダ

以上のような新しい監視による管理が進みつつある状況を私たちはどのように受け止めればよいのか。セキュリティの向上があるから歓迎するべきなのか、逆に何かの不利益を被る機会が増大すると考えるのか。

一ついえることは、デジタル技術の向上によって、ますます監視型の環境管理権力が、私たちの生活のあらゆる場面に浸透していくことが考えられる。そのとき現在の私たちは、こうした権力を捉える感覚が未成熟であるということだ。東はそのことをつぎのように的確に捉えている。

> 「自己の断片的分身（撮影映像）があちこちに保存され、必要に応じて呼び出され、ときにデータ化されて何かの目的に利用されるという現象が、いわゆる『侵害』の感覚を引き起こすにはあまりに抽象的すぎるからだ。言い替えれば、技術の進歩に感覚が追いついていない。家族構成や年収や趣味嗜好が個人情報であることは感覚的に理解できるが、商店街を歩く自分の映像、携帯電話がたえず発信している位置情報、匿名掲示板やポルノサイトにアクセスしたおりに相手のサーバに残したIPアドレスなど、新種の「個人情報」は、どこまでを自己の所有物と考えるべきなのか、いずれも判断が難しい。」（東浩紀「情報自由論第8回 断片化し増殖する個人情報」http://www.hajou.org/infoliberalism/8.html）

環境管理型権力のどこまでが私たちの権利を侵害したり、生活を窮屈なもの

第8章 環境管理型権力と新しい監視社会

にするのか、私たちには、まだそのリアリティを獲得していない。したがって、ともすれば、知らず知らずのうちに監視型の環境管理型権力に囲まれ、いつしかその問題性に気づいたときには時すでに遅しということも考えられる。

　近い未来において、日本においてもフェイスブックやツイッターなどのSNSのログが採用時の選考材料にされるようなことが一般化してくれば、本来、ある程度自由に日常の出来事を気軽に書くような場であったはずのSNSが、とくに就職活動をひかえた学生にとっては、細心の注意を払いつつ書き込みをするような場になりかねない。さらに、企業の人事課の目に好印象となるような書き込みをして、アピールし合うような場になっていくかもしれない。ちょっとしたコミュニケーションの楽しさが失われ、サバイバルに向けてしのぎを削り合う、また、上を目指すための汲々とした場に変容しかねない。もっとも、もともと米国におけるフェイスブックなどは、シリコンバレーの転職のためのネットワークづくりに利用されていたというから、本来的にそうしたアピールの場としての性格を胚胎していたのかもしれないが。

　これまでの各Chapterでは、私たちのカラダが社会的に生成され、いまの私たちに備わっていることをみてきたわけであるが、本章の問題はそれとは逆に、まだ新しい状況について行っていないカラダをみたということになるだろう。

【注】
（1）最近のファストフード店の椅子は、必ずしも硬い椅子とは限らない。また、回転をあげるだけでなく、商談やちょっとした仕事ができるようにパソコン用のコンセントなどを用意した店舗もみられる。
（2）ビッグ・ブラザーとは、もともとはジョージ・オーウェルの小説『1984年』に登場する独裁者のこと。『1984年』は、超監視社会を描いたディストピア小説であり、人々の生活は「テレスクリーン」などを通じて監視されている。この社会は、ビッグ・ブラザーを崇拝させることを通じて人々は統治されているのだが、その本人は実在するかどうかわからないという設定となっている。『1984年』以降、（特に監視と関わる）権力の介入を示す言葉としてビッグ・ブラザーが用いられている。

【参 考 文 献】

東浩紀　2002-2003『情報自由論 html version』（http://www.hajou.org/infoliberalism/）
東浩紀・大澤真幸　2003『自由を考える——9・11以降の現代思想』NHK ブックス
Lessig, Lawrence 1999 *Code and Other Laws of Cyberspace*, Basic Books　訳書2001　山形浩生・柏木亮二訳『CODE——インターネットの合法・違法・プライバシー』翔泳社
Lyon, David 2001 *Surveillance Society: Monitoring Everyday Life*, Open University Press　訳書2002　河村一郎訳『監視社会』青土社
早川由美子　2006「公園のベンチが人を排除する？　不便に進化するホームレス排除の仕掛け」Petite Adeventure Films Blog（http://brianandco.cocolog-nifty.com/blog/2009/08/post-4ddf.html）

Book ガイド

東浩紀　2002-2003『情報自由論 html version』（http://www.hajou.org/infoliberalism/）：情報自由論は、2002年から2003年にかけて『中央公論』に発表された論考。情報環境の変化が激しく改訂が大幅に必要とのことで書籍化は断念され、html バージョンが無料公開されている。監視やプライバシーの問題など情報社会における自由なるものをどう考えていくか、その主要な問題がわかりやすく論じられている。ここで提出された論点自体はいまもなお生きている。

ローレンス・レッシグ　2006：訳書2010　山形浩生訳『CODE VERSION 2.0』翔泳社（Lawrence Lessig 2006 Code: And Other Laws of Cyberspace, Version 2.0, Basic Books）：アーキテクチャの設計が比較的自由であり、しかもアーキテクチャの影響が大きいサイバースペースにおける自由と規制をどのように考えるべきかを論じた名著の増補版。「有害情報」のフィルタリングや監視など、法以外による管理が行き届きやすいサイバースペースにおける自由や権利をどう考えるかは、ますます重要な課題になってきている。

コラム：小学校教諭は児童死体愛好サイトを運営してよいか——多元的自己をめぐって

*クラブきっず事件

2006年、交通事故死した子どもの生前の写真や大量の子どもの死体の写真を掲載していたウェブサイトを主宰していた小学校教諭が遺族らから侮辱容疑で訴えられる事件が起きた（1）。この事件は、そのウェブサイトの名称から俗に「クラブきっず事件」と呼ばれている。その小学校教諭は、ウェブサイトに女児の裸を掲載したことで児童買春・ポルノ禁止法違反容疑で逮捕・起訴され、その後、懲戒免職になった（後に、遺族らのサイトから無断で子どもの写真を転載したことで著作権法違反でも再逮捕されている）（2）。

教諭は、事故や犯罪に巻き込まれてなくなった子どもの写真を掲載していただけでなく、そこに「『グシャッ！』と潰されて死んでしまいました」（3）などと粘着質なコメントをつけ加えていた。また、このサイト運営以外にも、教諭として勤務する学校の児童を盗撮したり、2004年に起きたボルネオ島の津波の際には、現地に出向いて被害にあった子どもの死体を撮影したりしており、ある種の変態的な性癖の持ち主であることを窺わせている。

違法行為があったから逮捕・起訴や懲戒処分は免れないところだが、マスコミやネットでは、教諭の変態性や性癖の異常性そのものが問題視されているところに注目したい。もちろん、変態性や性癖が犯罪を引き起こす要因になるという見方はできるのかもしれないが、犯罪行為に及ばなければ、変態性や性癖それ自体は内面の自由の範疇にあるともいえる（変態的な想像をしたということで警察に逮捕されるような社会は、おおよそ民主主義社会とはいえないし、そうした想像を表現し発表することも公共の福祉に反しない限りにおいて日本社会では認められている）。しかしながら、日常的に児童に接する教諭という立場——子どもを安心して預けられるのか——を考えたとき、それらの性癖や変態性自体に問題があり、職業にふさわしくないと考えられる傾向にある。

この問題は、一時代前ならば単なる不祥事という扱いだったかもしれないが、ネット時代の自己のあり方や私的領域にまで迫る監視テクノロジーの問題を考えると実に考えるべき点が多いということができる。複数の大学の授業で教職課程を志望する学生たちにこの問題を投げかけてみたところ、自分の問題として受け止め真剣に議論する姿がみられた。もちろん、それは学生たちがそうした怪しげな活動をしようとしているからではなく、自己のあり方と教師に求められる役割との関係を考えているからである。

*小学校教諭と多元的自己

この問題を考えるにあたり、まずは、ネット時代の自己像についてみていきたい。辻大介 (1999) はネット時代の新しい自己（アイデンティティ）の存在を指摘している。

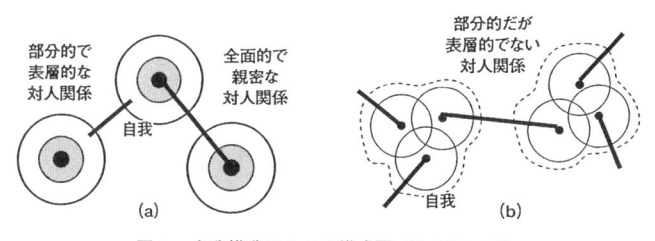

図1　自我構造の2つの模式図（辻 1999, p.23）

　まずは、図1（a）に示す従来型の自己像からみていこう。それは、この図に示されるように①核が一つだけ存在し（確固たる自己がある）、②人間関係の親しい人同士では深いつきあいがある一方、表層的な人間関係では浅いつきあいがあるような自己像ということができる。

　しかしながら、現代社会では上記のような同心円的な自己像に加えて、コミュニケーションが多様化し場面場面で対人関係をスイッチするような多元的な自己像が登場しているという（このことを辻は「友人関係のフリッパーズ志向」と呼んでいる。フリッパーとは場面によって友人関係を切り替えることである）。そこでは図1（b）のように、複数の人間関係を行き来するとき自己のあり方はそれぞれ微妙に違っており――仕事の自己と趣味の世界の自己など――人間関係の数だけ自己があるとみてよい。すなわち、①複数の核を中心とする一つひとつの自己がゆるやかにまとめられ、②人間関係の一つひとつは部分的なつきあいであっても、対人関係のつながり方としては中心部でつながっている像となっている。

　ネットが発達する現代においては、この関係ではこうした人格をもち、また別の関係では違った人格で接するということがますます促進される。その意味で現代では自己の多元化が進みやすい状況とみることができる。実際、ネット上の自己と実社会の職業上の自己の食い違いが起きていても、それはごく自然のこととみなされるようになってきているといえよう。これは、ネットの人間関係の醍醐味でもあり、現代人はそうした人間関係を享受しはじめていると理解できるのである。

　そう考えると、極端な事例ではあるが、あの小学校教諭の例も自己の多元化の一つの形態とみることができるかもしれない。教員である自己と児童死体愛好家の自己はそれぞれ違った人間関係に接続されているというわけである。盗撮や児童ポルノ画像掲載等を含まなければ、例の教諭が多元的自己の一つである愛好家としてサイトを立ち上げたこと自体は、それが教諭の人格と矛盾していたとしても、ごくごく自然なことと理解できるようにもみえてくる。

　だが、実際には、小学校教諭等が変態性や特殊な性癖を有している場合、このような理解がなされることはほとんどなく、さきにみた死体サイトの教諭のように、児童に危害を加え

コラム：小学校教諭は児童死体愛好サイトを運営してよいか　*113*

かねないリスク要因という見方が支配的になることが予想される。教諭等の倫理性が求められる職業を目指す場合、自己の多元化自体が許されない——教員としての人格を唯一の核にするように努めて生き、他の人たちが享受している楽しみを放棄しなければならない——のだろうか。それとも、ある一線をこえなければよいのだろうか、しかし、その一線とはどこにあるのか。「クラブきっず事件」の問題は、とりわけ教職を目指す学生にたいして、ネット社会における現実的な問いをつきつけている。

*新しい監視と個人の内面への介入

さらに Chapter8 でとりあげたような新しい監視もこの問題に関係してきている。その監視の特徴は、個人情報のさまざまな断片がデータベースに登録され、それらが統合・分析されることによって、リスク要因とみなされる個人が析出されることであった。そして通常人々はほとんどそれを気にしないで活動することができるが、いざリスク要因や逸脱者とみなされると個人が特定されることになる。

以下は、可能性の話であるが、技術的側面だけをみればすでに実現できるレベルにきていると考えられる。たとえば、ウェブサイトの閲覧履歴記録——これはすでにログという形で残されており、現在は警察が容疑者を追跡する際などに限られているが、どのネット回線の契約者がどのサイトに訪れたかを知ることが技術的に可能となっている——から、「この学生は小学校教諭を志望しているのに児童ポルノサイト等を数百回も訪れているな」というようなことがわかったとしたら、採用の際にリスク要因として不利になる可能性が考えられる。ウェブサイトの閲覧履歴記録が、採用や昇進、配属替えなどに利用されるようになったとき、あるいは影でそうしたことがなされているという噂が広まったとき、私たちは、ネットへのアクセスの仕方を変えるにちがいない。教職志望の学生に「そのときどうするか」を問いかけると、自らの情報行動をより管理していくという回答が多かったが、非常に私的で自由が許されていた活動を規制されることに伴う多大なストレスを感じるという意見もまた少なからずみられた。また、将来のことではなく、そろそろ考え始めなければならないという意見もあった。これまでも図書館での貸出記録を通じて政治的な立場が読み取られるというような議論があったが、ウェブサイトへの監視は、その人の習慣や性癖といったさらにプライベートな領域へと介入するものと考えられる。

現在、新しい監視について多くの人が気づきはじめている。Chapter8 でみたように東をはじめとする社会学者たちが警鐘を鳴らしたこともその主たる功績の一つである。私たちは、この問題について知るとともに、監視にたいする対応を考えはじめている。いい例ではないが、いまや携帯電話の電源を入れたまま行動する逃亡犯はいなくなりつつある。

プライベート領域の消失というのは古くからある議論なのだが、私たちが新しい監視に気づきはじめたいま、新たなパノプティコンのしくみが作動するようになってくるように思わ

れる。筆者は、アナロジーを真に受けてこだわるところがあるのだが、パノプティコンにおける光に満ちた独房とは公共空間のメタファーであると捉えている。学校や工場、そして軍隊にしても、基本的には公共空間でどう振る舞うべきかを規律訓練する場とみている。そこではもちろん、性のあり方などについても標準と逸脱とは何かが伝達されていることは確かだが、それでもかつては、光の届かない暗闇――プライベート領域――が残されていたように思われる。しかし、新しい監視は、プライベートな暗闇の領域に可視光線を届けることなく、暗闇を残したまま暗視してくるかのようである。私たちは、その暗視に備えて自らの行動をコントロールしなければいけないのではないかということをうっすら感じ始めている。暗視型――いわば暗闇のなかで赤外線を投光されるような――のパノプティコンということになるだろう。

　実際には、ウェブサイトの閲覧記録が教員採用に利用されるというようなことはまだ起きていないだろうし、今後起きるとしても、さまざまな議論や規制がなされるべきであるから、そう簡単にはそれが実現する状況にはならないだろう。だが、私たちはネット社会に二つの相反する動きがあることに目を向けていく必要があるだろう。すなわち、一方では辻が指摘する自己の多元化の力が作用し、私たちの自由な活動を促進する動きがあるが、他方では、新しい監視が私たちの多元的な活動の記録を収集し、リスク要因か否かという基準から一元的に統合することを通じて私たちの活動を規制する動きもまた存在するということになる。「クラブきっず事件」はこのような現代社会の課題をつきつけている。

【注】
（1）J-CASTニュース　2006年12月3日「子供の『遺体』『裸』『失禁』教諭が楽しんだ不気味サイト」
（2）J-CASTニュース　2007年3月20日「裸や事故死の子供の写真を公開した教諭を懲戒免職」
（3）前掲 J-CAST ニュース　2006年12月3日

【参考文献】
辻大介　1999「若者のコミュニケーション変容と新しいメディア」橋元良明・船津衛編『子ども・青少年とコミュニケーション（シリーズ・情報環境と社会心理3）』北樹出版

Chapter 学校から職業へのつながり
工場・オフィスモデルとコンビニモデル ⑨

　職業世界は複雑で、働き方は多岐にわたっているのであるが、ある時代を象徴した働き方というものがあるように思われる。読者の方は、1980年代と2000年代、それぞれの時代を象徴した働き方とは何かと問われれば、どのようなものを思い浮かべるだろうか。

　筆者は、1980年代を象徴するものが、いわゆるサラリーマンと呼ばれる人々の働き方（工場・オフィスモデル）で、2000年代を象徴するものが、フリーターと呼ばれる人々の働き方（コンビニモデル）ではないかと考えている。つまり、1980年代には、終身雇用で雇われ工場やオフィスで働き、年齢に応じて昇級するなどの日本的雇用慣行が成立し、その枠組みのなかで働くやり方が時代を象徴しているとみている。これにたいして2000年代は、そうした日本的雇用慣行がほころびをみせる時代であり、そこで注目されたのが派遣社員やアルバイターなどの非正規労働であった。なかでもフリーターという働き方、生き方は時代状況を象徴するものであるといえないだろうか。

1. 工場・オフィスモデル

　私たちが働くときには、通常、組織に所属し職務上の命令系統に組み込まれるなど一定の管理・統制を受けることになる。したがって、働き方をみていくこともまた、私たちが社会のなかでどのように管理されるのかをみていくことにつながっているといえるだろう。以下、サラリーマンとフリーターでは、管理のあり方が大きく異なっていることをみていきたい。

(1) サラリーマンとは

　サラリーマンの働き方をみていくにあたり、まずはサラリーマンの概念について確認しておきたい。サラリーマンは、民間企業で働き、賃金をもらって生活する人々や公務員のことをおおざっぱに指す概念であり、職業分類上のカテゴリではない。したがって、労働研究にサラリーマンという概念が用いられることは少ないのであるが、ここではあえて使用したい。なぜならサラリーマンという語は和製英語であり、グローバルな文脈では意味不明な言葉であるものの、それは逆に日本特有の働き方を示しているともいえるからだ。それは、後述するように日本的雇用慣行のなかで組織に属して生活するという意味を強くもっている。したがって、日本社会における（大勢の人々の）働き方をみるのには、サラリーマンという概念は好都合ということができる。

　付言すればサラリーマンとは、本来スーツにネクタイ姿などホワイトカラー職（頭脳労働、事務仕事）に就く人々を指す[1]。しかし、出稼ぎなどの期間労働者を除き、工場で働く（正社員の）ブルーカラー職（現業職、技術職）にたいしても同様に日本的雇用慣行が適用される傾向にあったことを鑑み、本章では、オフィスのみならず工場での労働者も含めて議論をしていくこととしたい。

(2) 工場やオフィスで人はどう管理されるのか

　工場やオフィスで人はどう管理されるのか、その日本的な特質を明らかにすべく、戦後の高度成長期を経て完成する日本的雇用慣行を前提とした工場やオフィスでの人員管理についてみていく。

　日本的雇用慣行とは、おもに①終身雇用、②年功序列賃金、③新規学卒一括採用などのしくみをいう。こうした工場やオフィスでは、①労働者は定年まで同じ会社で働くことを前提に採用され、②年齢が上がるに従って給与がアップしていく。定年まで、長期にわたって働く場合、会社で一から教育を施すことができるので、企業内教育を充実させることができる。このとき、企業内教育を長期にわたって行うには、若い労働者を採るほど有利になるから、③新規に労働者を採用する場合には、卒業直後の学卒者を一括採用する形が最も合理的

となる。

　こうした工場やオフィスで働く場合、労働者はさまざまな管理を受けることになる。指揮命令系統に組み込まれ、服装や髪型・髪色などの規則に従うことが求められる。とくに工場では、チャイムに従って就業時間のオンオフが切り替わるなど、高度に時間的管理がなされる傾向にある。さらに、終身雇用を前提とした場合、その工場やオフィスは、生活共同体としての意味合いも付与され、一種の忠誠心のような心構えが求められるかもしれない。

　そうしたさまざまな管理を受け入れなければならない一方、労働者は、生活保障を受けることができる。就業している間は、生活給という形で給与が支給されその間の生活が保証されるし、退職金や企業年金などで退職後の生活費のサポートも得られるわけである。工場やオフィスの管理とは、いわば労働者は囲い込まれ、きっちり管理される一方で、生活の保障が受けられるというタイプのものと理解することができる。

（3）学校から職業への良好なつながり

　以上でみたような日本的な就職のあり方は、ときに「就社」と呼ばれることもあった。すなわち、職業に就くというよりも、生活共同体としての会社に所属するという性格が強いといえるのである。このことは、どの会社に入るかによって、収入やQOL（クオリティ・オブ・ライフ）が決定するということを意味していた。

　ここでは当然ながら、どの会社に入ることができるかが、人生において重要な意味をもってくる。もともと企業や官庁への就職は、教育選抜の結果によって決まることになっているが、「新規学卒一括採用＋終身雇用」であれば、なおさら学校での成績が人生を左右するようになってくる。実際、「いい学校からいい会社」という標語のもと教育達成を目指す動きがみられ、高度成長期を経て、いわゆる学歴社会の姿が明確になってきたのだった。

　だが、学校での成績が意味をもつのは、「いい学校からいい会社」の頂上部を目指す学歴エリート層だけではなかった。苅谷剛彦は、日本社会ではブルー

カラー就職においても、学校での成績が意味をもっていることを指摘し、学校を通じた競争原理がブルーカラー層を含む幅広い層に行き渡っているという意味で「大衆教育社会」と表現した（苅谷 1995）。

たとえば米国では、高卒者の就職においても、いわゆる日本の大学生がしているような就職活動がみられる。それにたいして、日本の高卒就職では、よく知られているように各高校に求人票が来る。これには高校が職業安定所の機能を内包し、生徒に職業斡旋することが許されているという法的な根拠がある[2]。

多くの高校は、特定の優良企業との間に──毎年いい生徒を紹介するかわりに、多少の不況でも毎年採用するというような──インフォーマルな関係をもっている。これを実績関係というが、この実績関係を軸に高卒就職は展開していく。多くの場合、基本的には成績の上位の就職希望生徒から、優良な実績関係の企業へと振り分けられていくことになる（苅谷 1988）。苅谷によれば、米国における高卒ブルーカラーの就職では、ともすれば、能力に大きな差はないとみなされる労働力の「低位同質化」の動きが生起することがあるという。これにたいして日本の高卒ブルーカラー就職では、学校の成績を介して優秀な労働力であることを示すことができ、就職後の企業内教育などでもそれに見合った有効な教育がなされる基盤となっているというのだ。したがって、日本では、「ブルーカラーだから質の低い労働力だ」などという見方はされないわけである。

このように学校から職業への移行が良好に機能していた時代においては、すくなくとも学校で学習したことが学業選抜に意味をもっており、一定程度、生徒たちを学業へとコミットさせることができていたとみてよい。

2. コンビニモデル

（1）工場・オフィス労働の外部

工場やオフィスで終身雇用で働き、生活保障を得られること、これは戦後日本社会の社会福祉機能の中核をなしていたということができる。湯浅誠（2007）は、このことを「企業の傘」と表現している。「企業の傘」に入っていれば、

国による社会福祉に頼らなくても、企業から生活保障を受けられるため、十分に安定的な生活を得ることができる。そして、1980年代には多くの人がこの傘の下に入ることができた。1980年代までの日本社会は、いわゆる〈民〉の領域における福祉システムが比較的うまく機能していたとみることができたのである。

　しかし、1990年代初頭に起きたバブル崩壊後、失われた20年とも呼ばれる不況期に突入すると、「企業の傘」がカバーできる範囲が縮小してくる。終身雇用のはずがリストラ等で中途退職に追い込まれる、あるいは、はじめから非正規雇用の職に就かざるをえなくなるなどのケースが増加してくる。

　日本の社会福祉や教育への財政支出は、OECD諸国のなかで相対的に少なかったのだが、そうした方針は「企業の傘」がカバーできる範囲が縮小しても大きくは変わらなかった。そうして、この日本社会において貧困問題や格差問題が社会問題として噴出することになった。

　このような社会状況における労働を考える場合、もはや工場やオフィスでの労働に目を向けるだけでは不十分であり、その外部にある非正規雇用という働き方に注目することが必要となる。ここでは、労働形態の新しいあり方を捉えるため、とくに①フリーターという働き方と②コンビニエンスストアなどのフランチャイズ型の産業での労働のあり方、人員の管理のあり方をみていく。

（2）フリーターという働き方

　フリーターないしはフリーアルバイターという言葉は、1980年代後半にアルバイト情報誌から生み出された造語である（小杉 2002, p.4）。もともとフリーターという語には、会社に「囲い込まれる」ような生き方──悪くいえば「会社人間」や「社畜（！）」──をやめ、あえて正社員にならずにアルバイトしながら生計を立てていくという新しい生き方の提案が含まれていた。その意味でフリーターという語は、ポジティブな言葉として登場したのだが、2000年代に入ってからは、すっかりネガティブ・ワードへと転落した感がある。不安定な生活を送らざるをえない低所得者、正社員になれなかった落伍者、実現不可能な

夢を追いかける身の程知らずなど、負のイメージを挙げればきりがないほどである。このように社会的に押された負の烙印のことを社会学の用語ではスティグマという。フリーターもまたスティグマを付与された存在ということができるだろう。

　フリーターをめぐる問題の一つは、若者たちが「自由な生き方」を選んだことによって（あるいは、能力がなかったことによって）、フリーターになったという個人的理由に帰責する見方が依然としてなされやすいところにある。確かに初期のフリーターは積極的に新しい生き方を選択したわけであるが、1990年代半ば以降は、「企業の傘」が縮小していくなか、そして、フリーターを必要とするような事業形態の変化のなかで構造的に多くのフリーターが生み出されてきた側面がある。にもかかわらず、フリーター問題は、社会経済的な問題としてではなく、若者のやる気や選択、あるいは努力や能力の欠如という個人的問題として認識される傾向にあった。

　しかしながら、そうした問題認識がある一方、アルバイターを数多く必要とするフランチャイズ型の事業形態は、1990年代以降さらに発達してきている。たとえば、コンビニエンス・ストアの店舗数は、1990年には17,408店であったが、2000年に38,274店に、2010年には45,054店へと増加し、ファストフードやファミレスなどの外食産業の店舗数も同様に、1990年に37,486店、2000年に46,012店、2010年に54,747店へと増加している[3]。これらはフリーターの働く場所の一部でしかないが、彼／彼女らの存在があって初めて、たとえば今日の私たちが享受している便利な生活や家事の外部化（家事サービスを家族外の産業にアウトソーシングすること）が可能となっていると考えられる。

（3）コンビニエンス・ストアの人員管理

　工場・オフィスとコンビニエンス・ストア（以下、コンビニと略す）での人員管理のあり方は、大きく異なっている。

　すでに触れたことであるが、経済成長期には企業は人手不足になる傾向にあり、従来の工場・オフィスにおいては、末端の働き手まで正社員として「囲い

込まれる」傾向にあった。これにたいしてコンビニでは、フランチャイザー（事業の本部）とフランチャイジー（加盟店・加盟者）の二つに大別される。フランチャイザーの部分は、工場・オフィスモデルと同じ人員管理が行われている。フランチャイザーとフランチャイジーの間は、契約によって結ばれた関係である。フランチャイジーは、フランチャイザーから経営資源の提供を受けつつ独立した事業主として経営を行い、一定のロイヤリティ（対価）をフランチャイザーに支払う。フランチャイジーは、経営の支援を受けることはあるが、基本的には大きな裁量権を有し、商品の仕入れからアルバイト雇用まで、すべての経営を自らの手腕によって行い利益を上げることが求められる。コンビニの多くの働き手は、フランチャイジー（店長）が独自に募集したアルバイターということになる。

　そしてこのアルバイターたちは、工場・オフィスの働き手であるサラリーマンよりも「自由」が多くなる。たとえばシフトも自分の都合に合わせて決められることが多いし、辞めて他のアルバイトに移ることもやりやすい。だが、そのかわりサラリーマンが有している生活保障や退職後の年金はない。

　また工場・オフィスでは、企業内教育が充実していたが、コンビニモデルにおいてアルバイターたちは、スキルアップのための教育を受けることはほとんどなく、業務はスキルのない者でもできるようなかたちにシステム化され、マニュアルによって指示される傾向にある。ジョージ・リッツァ（1993：1999）は、『マクドナルド化する社会』において、ファストフード店が高度な腕をもったコックを必要としない形に高度にシステム化されていることを示したのであるが、それと同様のさまざまな方法がフランチャイズ型の事業経営に用いられているとみることができる。工場・オフィスモデルでは、企業は社員にスキルアップを要求するが、コンビニモデルでは、企業はアルバイターに高いスキルがなくても——マニュアルを理解して実践できる最低限のスキルがあれば——運営できるようにシステムを高度化させる傾向にあるといえるだろう。

　整理すれば工場・オフィスモデルでは、社員を囲い込むかわりに手厚い投資を行い、生活保障をするが、コンビニモデルでは、アルバイターを囲い込むこ

とはしないし、彼／彼女らにたいする投資も少ない。もちろん生活の保障はしない。ここでは、極力アルバイターたちの自由に干渉しないようにしつつ、それでも彼／彼女らの労働から利益を得られるようなシステムを発達させることになる。

人への投資によって利潤を上げようとする工場・オフィスモデルと、それを極力少なくして利潤を上げようとするコンビニモデル、両者の人員管理の方法は実に対照的だ。

3. 結語：学校とコンビニモデル職業との不健康なつながり

これまでの議論を簡単に整理しよう。工場・オフィスモデルでは、身体を会社に囲い込み、命令系統（上司と部下の関係）に組み込み、教育を受けさせ、帰属意識をもたせるような直接的で強い人員管理がなされてきた。それと引きかえに、そこで働く労働者は、終身雇用で雇われ人生の長いスパンにわたる生活の保障を得ることができた。それに加え、学校から職業への移行もスムーズであった。

これにたいしてコンビニモデルでは、管理と生活保障のあり方は正反対といえる。概してフリーターは、サラリーマンに比べ自分で自分のことを決める自由があるし、時間の使い方も自由である。会社に囲い込まれることはなく、むしろ出入りが自由であり、それゆえ上司と部下の関係も解消しやすい。また、フランチャイズ店舗への帰属意識はほぼないといってよい。そのかわり、社内教育は充実しておらず組織からの生活の保障はない。

このとき「フリーターたちは、管理を脱して自由を得た」と理解できるのだろうか。その理解は半分正しいが、半分は間違いだと思われる。新自由主義（ネオリベラリズム）と呼ばれる考え方をご存じだろうか。本来は、規制緩和をし、市場原理に任せるといった政治・経済の領域をも含み込む思想であるのだが、この文脈において端的に示せば①個人の自由を最優先に考え、そこに他者、とくに政府などの公的機関からの介入を最小限にする（個人の自由・選択の尊重）、

第9章 学校から職業へのつながり　*123*

そのかわり②選択の結果は、個人が責任をもって受け入れなければならず（自己責任）、そのとき③公的機関からの助けはないというような考え方だ（「淘汰」もありうる）。たとえば、年金を例にとってみれば、現在、私たちは国民年金に加入しなければならないことになっているが、新自由主義の理念を徹底すれば、国の年金以外にも民間の年金制度もつくって自由に選べるようにすることになる。そこでは、私たちは、どの年金を利用してもいいし、自分で老後の分まで稼ぐという人は年金には入らないという選択もありだ。そうした自由が尊重される一方、もし年金に入らない選択をした人が、老後の分までの貯蓄ができなかったとしても、「政府は知りません、自分で招いた結果ですから自分で責任をとってください」ということになる。

実は、個人の自由を尊重するが結果は個人で処理せよというのは、社会的管理のしくみの一つの形とみたほうがよい。「自由を通じた管理」というべきしくみになっているのだ。現在、コンビニモデルにおける人々の行動は、大きくみればこのような社会的管理のしくみに捉えられているとみてよいのではないか。ちなみに、この新自由主義的な方向性は1980年代から政策に導入され、1990年代以降、とくに自由民主党の小泉政権下で、その方向への強い舵取りがなされた。それとともに、格差の拡大などの問題が浮上し社会問題化してきた。

コンビニモデルの働き方は、新自由主義的な管理が優勢な現在において、問題が山積している。最後に、以下にいくつかの点を指摘してこの章のまとめとしたい。

第一に、フリーターの生活を安定化させるような社会福祉システムは当面は実現しそうにない。フランチャイズというビジネスモデルは、今後、ますます発展することが見込まれ、ますます多くのフリーターが必要とされているにもかかわらずだ。フリーターとしてコンビニエンス・ストアなどで働くことは、間違いなく現代の社会を支えている労働といえる。そうした働き方が社会に定着していく一方で、「企業の傘」に入ることができたサラリーマンとそこからあぶれてしまったフリーターとの間の生活の格差は大きくなる傾向にあるといえるだろう(4)。現在の日本社会の生活保障の枠組みは、フリーターのような

働き方に対応しきれていないということなのだが、新自由主義の考え方のもとでは、そういう選択をした個人が悪いというようなことになってしまっている。ここをどうにかしなければ、フリーターの人たちの労働は報われない。

　第二に、コンビニモデルの職業と学校との接続は、現状では不健康な関係にならざるをえない。高校や大学は、フリーターになる生徒や学生を限りなく少なくしようと努力している。教育機関の働きかけの方向性としては、正しいということができる。だが、それゆえに、進路指導の過程において、フリーターになるということは、ある意味「よくない」進路であり、ときに「フリーターとはなってはいけないもの」もっといえば「だめな人」というスティグマの付与（スティグマタイズ）に学校が荷担してしまうこともしばしばある。しかし現在では、フリーターは構造的に生み出され、誰かがその働き方をせざるをえないのである。フリーターが構造的に生み出されているならば、「フリーターとして働いて社会を支えている者たちが、きちんと生活できる社会システム」をつくることが求められているとみるべきなのであるが、現在の学校はそうした存在になりえていない。本来ならば「生徒たちはフリーターとして働いています。それでも、ちゃんと教育しました」となるべきなのだろうが、いまは「学校は、手を尽くしましたが、彼／彼女らは指導に乗って来ませんでした。その結果、フリーターになりました」というようなフリーター輩出の論理となっていることが少なくない（たとえば千葉・大多和 2007）。フランチャイズ型産業を中心とした現代の社会システムがフリーターを必要としている以上、フリーターはきちんとした働き方・生き方だと位置づける必要がある——そしてフリーターが安定した生活を送ることができるようなシステムを構築する必要がある——と筆者は考えているが、いまの学校から職業への移行をみるとそうはなっていない。これは、学校のせいではなく、むしろ、まず教育・社会学者が取り組むべきしごとかもしれない。

【注】

（1）さらにいえばジェンダーの問題があり、サラリーマンは女性を含む概念ではあるが、

俗にサラリーマンと OL（オフィス・レディ）というように区別されて使われることもある。「男は外で仕事、女は家庭を守る」というような性別役割分業意識が強かった時代にできた労働者像ということができる。
（２）職業安定法には、「学校による公共職業安定所業務の分担」として以下の条文が定められている。「第二十七条　公共職業安定所長は、学生生徒等の職業紹介を円滑に行うために必要があると認めるときは、学校の長の同意を得て、又は学校の長の要請により、その学校の長に、公共職業安定所の業務の一部を分担させることができる。」
（３）㈳日本フランチャイズチェーン協会のデータによる。1990年のデータは「FC 統計調査（年報）1983年～1998年（店舗数）」、2000年のデータは「1999～2000年度　業種別チェーン数・店舗数・売上高」、そして2010年のデータは「2010年度「JFA フランチャイズチェーン統計調査」報告」を参照した。
（４）正社員といっても近年では、「ブラック企業」など（劣悪な労働環境・労働条件での労働を強いる企業）の存在があるので、正社員として雇われてもそれが即、生活の安定につながるとはいいきれない。それでも、総体としてみれば、正社員として雇われたほうが生活の安定を得やすくなるということはいえるだろう。

【参 考 文 献】

千葉勝吾・大多和直樹　2007「選択支援機関としての進路多様校における配分メカニズム――首都圏大都市 A 商業高校の進路カルテ分析」『教育社会学研究』第81巻　pp.67-87
苅谷剛彦　1988「『能力主義』に囲まれて――高卒就職者の職業配分と学校に委任された『教育的』選抜」『教育社会学研究』第43巻　pp.148-162
苅谷剛彦　1995『大衆教育社会のゆくえ――学歴主義と平等神話の戦後史』中公新書
湯浅誠　2007『貧困襲来』山吹書店
小杉礼子　2002「若者の就業行動は問題か――研究の意味と範囲」小杉礼子編『自由の代償／フリーター――現代若者の就業意識と行動』日本労働研究機構
Ritzer, George 1993 *The McDonaldization of Society: An Investigation into the Changing Character of Contemporary Social Life*, Pine Forge Press 訳書．1999　正岡寛司監訳『マクドナルド化する社会』早稲田大学出版部

制服の流行はなぜ変化したのか
学校と消費社会の関係性を読み解く

> 　学校は、それを取り巻く社会との関係をもちながら、児童・生徒への指導を行っている。前章でみた学校からしごとの世界への移行はその一つの例であるが、本章では、学校とそれを取り巻く消費社会（街やメディア）との関係を考えていく。
>
> 　生徒たちは、学校に行くと同時に消費社会にも関与している。彼／彼女らは、ファッション、漫画、アニメ、ゲーム、ケータイなど、さまざまなことがらに触れ、若者独自の文化を形成している。そうした文化はときに、学校が前提としている秩序や文化との間に摩擦や対立を生じさせることもある。学校サイドに立って考えるということに慣れていない人もいるかもしれないが、学校は、そうした摩擦や対立のなかで生徒との関係づくりや指導のあり方を決めていく。
>
> 　そうした学校と消費社会との関係は、1990年代以降、大きな変容を経験したのであるが、この学校と消費社会の関係をみていくとき、見通しのいい切り口があるように思われる。筆者が考えるところ、それは（とくに女子の）制服である。制服をみていくと、どのように学校と消費社会の関係を捉えることができるのだろうか。早速、このことについてみていくこととしよう。

1．制服の流行が示すもの

（1）短いスカート丈の普及過程

　女子高校生における制服の着こなしの流行は、単純化すれば、1970～80年代の長いスカート丈から1990年代以降の短いスカート丈へと変化したといえる。

　より詳しくみていくと、イラストレーターで制服研究家の森伸之（1996）が

指摘するように、そうした動きは1987年頃から定着しつつあった。1980年代初頭には、図10-1（上段）に示すように膝上の短いスカート丈の制服は、「ブランド私立女子校」のおしゃれな制服に特権的に採用されるのみで、公立を中心とした「フツー」の学校では、膝丈より長い地味な制服が多くみられたという。そこでは、「マジメ」タイプの女子生徒では膝丈、「ヤンキー」ないしは「ツッパリ」の女子生徒ではくるぶし近くまでの丈といった生徒タイプとスカート丈の関係がみられた(1)。その後、短い丈のスカートという着こなしは、私立の女子校に普及（図10-1中段）、そして、「1987年にはついに都立高にまで及んできた」という（森 1996, p.96）。森は、この1987年を「ヒザ上スカート民主化元年」と位置づけている。

その後は「ノーブランド女子校」の生徒が流行の「主導権」を握ることになるのだが（図10-1下段）、付言すれば、ある特定の学校の制服の着こなしを模倣したというよりも、当時メディアでとりあげられた「コギャル」（女子大生を中心とした「ギャル」より若い世代という意味で「コ」（子）がつけられて呼ばれていた）たちのいでたちを範として、スカート丈のほか、ルーズ

図10-1　制服の着こなしの変遷過程（森 1996, pp.99-100より抜粋）

ソックスやガングロ（日焼けした顔）のスタイルが広く普及していった。

そうして、短いスカート丈は、ルーズソックスなどとセットになって「フツー」の学校にも広く普及し、「学校の伝統とは無関係に、ある日突然スカート丈をばっさり30センチも切り落として登校したりする」（森 1996, p.97）現象がみられるようになったという。

（2）長いスカートの流行と学校・街

以上は、女子の制服の着こなしが1970～80年代の「ヤンキー」ないしは「ツッパリ」が先導した長いスカート丈から、「コギャル」が先導する短いスカート丈に変化してきたプロセスのあらましである。本節では丈の長短という流行の変化に伴って、制服に込められた社会的意味がどのように変化してきたのかを探っていきたい。まず1970～80年代の「ヤンキー」女子生徒たちがなぜ長いスカート丈にしたのかという点から考えていこう。

1970～80年代の一般的な学校において、制服は管理ツールとしての側面を強調するかたちで指導に用いられていたように思われる。図10-1の上段のイラストは、ステレオタイプ化されているものの、当時の状況をよく捉えている。「ブランド校」においては、当時からSI（スクール・アイデンティティ）という考え方があり、この学園ならではの素敵な学び舎づくりの一環としておしゃれな制服が採用されていたが、そうした学校以外では、紺や黒の地味な制服が採用されることが一般的であった。「高校生らしい華美でない」服装を体現したものといってよいだろう。

学校のなかでは、若者たちは生徒として扱われ、生徒としての行動様式を身につけることが求められる。生徒に制服を着せることはその第一歩であり、その意味で制服とは、人を生徒化させる管理ツールだったとみることができる。1970～80年代には、制服廃止を求める運動が頻繁に起きていたが、それもまた制服を通じた管理が行われているがゆえに起きた反対運動と解釈することができる。

さらに、1970～80年代には、ときに「管理教育」ともいわれるような規律を

重視する積極的な指導がなされていた。そこでは、事細かに頭髪や服装（さらには持ち物など）が検査されることがあった。多くの生徒は、そうした管理的なあり方に対立意識をもっていたものの、基本的に指導には従っていた。それにたいして「ヤンキー」ないしは「ツッパリ」と呼ばれる生徒は、そうした指導に真っ向から反抗していた。「管理教育」の時代は、同時に「荒れる学校」の時代でもあり、学校を舞台とした激しい暴力事件や器物破壊事件などが頻発していたのだった。男子生徒は「ドカン」「ボンタン」と呼ばれる太いズボンを、女子生徒はすでにみたようにくるぶし丈の長いスカートを履いていたわけである。彼らの服装には、微細な違反にたいする指導がなされているなかで、「ここまでやってやる」というこれ見よがし的な極端さが備わっていたように思われる。こうした制服の着こなしは、管理的な教育が行われているがゆえに、学校への反抗をストレートに示す効果をもっていた。それは同時に、学校の規律に従わざるをえない普通の生徒にたいして、自分たちは規律に従わなくても許される力があるということを示すものでもあった。このように、1970〜80年代において、スカート丈を長くするということは、学校的な価値に同調していないことを示すという意味が含まれていたとみることができる。付言すれば80年代の中頃には、「優等生」や「よい子」とみられたくないという価値観が、生徒の間に広がりをみせていたが、そういう価値観をもった生徒は、微妙に制服を着崩したり、スカートの丈を少しだけ長くしたりしたのだった。

　つぎに1970〜80年代の街と制服の関係についてみていく。当時は、制服で渋谷や原宿といった街に出かけていくことは、最も無粋でファッションを理解していないこととみなされていた。したがって、放課後にこうした街に行く場合には、トイレで私服に着替え、コインロッカーに制服をあずけてから繰り出すというような行動もみられたという。これはいわば生徒から若者に着替えるということを指し示すと解釈できるかもしれない。制服は、生徒が学校に着ていくものであり、若者のファッションの街にはふさわしいものではなかったということがいえるだろう。

（3）短いスカートの流行と学校・街

　1990年代になると制服と学校、制服と街の関係が変容してくる。その背景には学校教育や消費社会の大きな変化があった。第一に、学校教育の側では、「管理教育」や「詰め込み教育」などからの脱却が図られ、「個性尊重」「自己実現」「ゆとり」などをキーワードとする教育改革が実施されることとなった。第二に、消費社会の側では、「コギャル」がマスコミに注目されるなど女子高生ブームが生起していた。Chapter4で扱ったように、彼女たちがポケベルやケータイといったメディアの普及に大きな影響を与え、彼女たちが推した歌手・安室奈美恵や浜崎あゆみが大ヒットを飛ばすなど、消費社会を牽引するアクターとして注目されてきたのである。

　まずは、街の変容からみていこう。1990年代初等の「コギャル」ブームのなか、制服と街の関係は180度回転し、渋谷のセンター街などは、ミニスカートの制服にルーズソックスといういでたちこそがふさわしい場所となった。ここでは、すでに高校を卒業したり、高校を退学したりした人が制服を着て高校生風の姿をする「なんちゃって女子高生」なども登場したが、このこともまた街に関与する際に制服が重要になったことを指し示している。さらに、ミニスカートの制服の流行は、広く地方にも行き渡っていき、地方中核都市においてもまた渋谷と同じような状況がみられるようになった。全国的現象として、制服は街へと関与するためのパスポートになったといえるだろう。

　つぎに、学校でも変化は起きていた。短いスカート丈の制服もまた、指導の対象となったが、それは1980年代とは違い、行き過ぎを是正するというような指導が主であった。学校は、スカート丈を短くする着こなしに生徒の学校への反抗の意図を受け取ることはなかったし、生徒の側もまたそうした意図はなかった。生徒たちは、流行のスタイルをするためにスカート丈を短くしようとしていたのであり、学校との関係を念頭においていたわけではなかった。もはや、学校への反抗や距離のとり方を示すために制服を変形させるのではなくなったとみてよい。むしろ生徒の意識は学校の外に向けられていたのである。

　学校サイドにおいても、管理ツールというよりも経営ツールとして、制服を

第10章　制服の流行はなぜ変化したのか　　*131*

用いていく動きがみられた。生徒の自主性や自己実現を尊重する学校では、生徒が自分らしく生き生きと生活できる場として学校を組織しようとする。その一環として、多くの公立高校が制服をよりファッショナブルなものへとモデルチェンジしていった。しかも、制服は、生徒募集の点でも重要性を増しているという。いまでは、都立高校であってもタータンチェックのスカートやスラックスを採用している学校の割合は相当に高い。地味な制服を管理ツールとして利用していた時代には、考えられなかったことである。

2．制服の着こなしの変容と学校を取り巻く社会

　制服の着こなし変化の背景をさらに大きな社会的現象として考えていきたい。ここでは、藤田英典（1991）が指摘する学校社会化と情報社会化の同時進行状況を補助線に、学校とそれを取り巻く社会において何が起きていたのかを考察していく。藤田の情報社会化とは、マスメディアの発達を軸としたものであり、消費社会化と言い換えが可能になる概念と思われる。まずはその学校社会化と情報社会化＝消費社会化の同時進行状況について押さえていくこととしよう。

（1）学校社会化と情報社会化＝消費社会化の同時進行
a．学校社会化

　私たちは、学校教育のあり方に疑問をもったり、批判をしたりすることはあっても、子どもを学校に行かせて育てること自体については、ごく当たり前のこととして受け入れているように思われる。振り返れば、学校教育は明治初期に西洋からいわば「輸入」された馴染みのないものであった。したがって当初は農村部を中心に「なぜ学校に子どもをやらなくてはならないのか」といった疑問が噴出し、学校反対運動もみられたのだった。しかしながら、学校は徐々に社会に定着し、現在では「大人になる準備は学校でするのが当然であり、それ以外の子ども期・青年期の過ごし方はありえない」（藤田 1990）というところまできている。このように学校に行くことが当たり前になっていく動きを学

校社会化という。

　学校で子どもを育てるとはどういうことか。藤田によれば、学校とは内部を規律で満たされた遮蔽空間であって、学校で子どもを育てるということは、あえてそうした特殊な規律空間に子どもを隔離して育てることを意味する。すなわち、そこでは子どもは情報のコントロールを受けることになり、基本的に発達段階にふさわしい情報のみが与えられることになる。小学1年生ではどこまでの漢字を学習し、2年生で九九を覚えるというようなことが決まってくるのだ（学習内容の階梯性）。

　また、子どもにふさわしくない情報、とりわけアダルト情報、俗悪情報はシャットアウトされ、学校空間内部の子どもに届かないようにされる。学校で子どもを育てることが一般化してくると、社会の側でもそうした子どもへの情報コントロールが一般化する。筆者なりに補足すれば、俗悪な図書やテレビ番組を見せないようにしようとか、子どもの携帯電話にフィルタリングをかけようとか、常にメディアの悪影響を危惧する動きがあるが、これは学校社会化に伴う子どもへの情報コントロールの動きの一例として捉えることができる。

b. 情報社会化＝消費社会化

　日本は、1970年代に高校進学率が90％に達するなど、世界的にみても学校社会化が高度に進展した社会であると捉えることができる。その一方で情報社会化＝消費社会化の動きもまた、世界的にみても珍しいほどに進展をみせている。藤田は、学校社会化と情報社会化＝消費社会化の動きは、互いに違った価値観をベースとした相矛盾する要素を含んでいると指摘する。

　マスメディアの発展を軸とする情報社会化＝消費社会化の動きは、まず、子どもへの情報コントロールを無化する力を有している。つまり、テレビは、子ども／大人にかかわらず、分け隔てなく情報を伝えてしまうのであり、子どもが接触すべき情報をコントロールして与えようとする取り組みを台無しにしてしまうことがあるというわけだ。

　しかも、学校で重んじられる価値観とは、「〈将来の豊かな生活〉のために倹

約することや、〈将来〉への準備として〈いま〉を過ごすこと」であるのにたいして、マスメディアで重んじられる価値観は、むしろ「〈いま〉という時を気楽に楽しく過ごす」というものである。しかも、マスコミの情報は、刺激に満ちていてわかりやすく浸透してくる。藤田は、情報社会の進展とともに「学校で伝達される知識が陳腐で役に立たないと感じられる度合いが強まり、学校知識の正当性の低下が起こってきても不思議ではない」と指摘する。

本章の文脈に照らせば「コギャル」や制服の短いスカート丈の流行もまた、ファッション雑誌やティーン情報誌を通じて全国に広がっていったのであった。長いスカートが学校への反抗を意味していたのにたいし、ミニスカートの制服は学校の外の楽しい世界への関わりを志向したものと捉えることができるわけであり、彼女たちの生活世界に占める学校の比重は低下していくとみることができる。

(2) 学校の戦略

藤田の議論を補助線に現代の学校教育をみると、学校はその外に広がる消費社会からチャレンジを受けているというように捉えることができる。学校空間に若年層を囲い込み、生徒とすることで学校的な価値を伝達しようとしても、Chapter5で触れたように、生徒たちは外の世界からたとえば「自分らしく生きているか」——すなわち、学校に取り込まれていないか、もしそうだとしたら殻をやぶれ——という具合に別のメッセージを不断に送り込まれている。学校教育とは、わざわざ子どもを遮蔽された空間に隔離し、学校的価値を伝達しつつ育てる制度であるからして、こうした状況は私たちが想像する以上に学校にとって痛手であるかもしれない。

このとき、学校はどのような戦略をとってきたのか、時代ごとにみていこう。この表現には語弊があるかもしれないが、1970〜80年代の学校は、すでに消費社会からのチャレンジを受けていたということができる。というのも消費社会化の進展のなか、当時の生徒たちはすでに消費社会の価値観にも惹きつけられており、藤田が指摘するように「学校で伝達される知識が陳腐で役に立たない」

といった感覚をもつようになっていたとみることができるからだ。こうした状況において、学校は、その特質である特殊な規律で満たされた遮蔽空間であることを徹底しようとした。「管理教育」というのはそうした戦略と理解することができる。すなわち、学校の外側に生徒を惹きつける世界があったとしても、学校はそうした領域から隔絶された空間とし、そのなかでは生徒としての行動様式をとることを徹底させる戦略である。

こうした戦略が可能となった背景には、Chapter9で述べたような学校から社会（職業）へのスムーズな移行があった。学校での成功がその後の人生の成功につながるという学歴社会の価値観もまた、学校が強い指導を行うことを可能にさせたとみることができる。学校でがんばればなんとかなる、あるいは逆に、ここでしくじったら大変なことになるというように、学校での学業競争に関わらざるをえないような状況が生起していたからである。

この時代、学校は、生徒を学校に惹きつけ、一定の摩擦をはらみながらも生徒と向き合うことができていたように思われる。学校で成功をおさめられなかった者は、学校から離脱してしまうのではなく、むしろ学校に反抗した。「ヤンキー」の長いスカートは、その一環であることは、すでに述べたとおりである。

だが、学校の遮蔽空間性を高くする戦略は限界に達しており、持続は難しくなっていた。1990年代の「個性尊重」「自己実現」をキーワードとする教育改革が大都市の高校、とりわけ課題集中校というような高校を中心に受け入れられ、指導の方針が転換していったのも、そうした事情があったと考えられる。この時期、荒れる学校は沈静化していったものの、新しい問題として浮上してきたのが、耳塚寛明（2001）が指摘する「パートタイム生徒」である。耳塚の「パートタイム生徒」とは、アルバイトなど学校の外の世界のほうに生活の重心をおき、その合間にのみ生徒役割を遂行する生徒のことであり、フリーターの予備軍に多いという。問題の局面は、生徒たちの学校への反抗から、学校からの離脱へとシフトしてきているといえるだろう。

1990年代の学校は、課題集中校を中心にこうした学校を離脱しかねない生徒

をどう学校内部に包摂するのかという課題をつきつけられることとなった。このとき多くの学校でとられた戦略は、学校の遮蔽空間性を低くし、学校内部に消費社会の価値観が部分的に流入することを許容していくものであった。学校は基本的に藤田がいうように「〈将来〉への準備として〈いま〉を過ごす」場所であるが、ここでは、〈いま〉の学校生活を生き生きとした楽しいものにさせ、生徒たちの居場所として学校を機能させることが企図されていたのである。その一環として、制服は経営ツールとして用いられ、公立高校にも——以前は私立の「ブランド校」において、いわばプレミアムな学園生活を演出するツールとして導入されていた——タータンチェックの制服が採用されるようになったわけである。これらは生徒を学校につなぎとめる戦略といえるだろう。ここでは、部分的ではあるにせよ、学校生活のコンサマトリー化とでもいうべき現象が起きていたとみるべきである。

3．結語：生徒指導の現代的課題

　本章では、長いスカート丈から短いスカート丈へという制服の着こなしの変化とその背景にある学校や社会の変動をみてきた。現在にまで続く短いスカート丈の流行は、単に服飾的な変容にとどまらず、地味な制服によって生徒を管理していくような学校のあり方から、おしゃれな制服を取り入れて（ないしは、ミニスカートにルーズソックスといったいでたちを許容して）生徒が生き生きと生活できる場にしていこうとする学校のあり方への変化をみることができた。このとき、大都市の課題集中校を中心に学校は、その遮蔽空間性を低下させ、消費社会の価値観（とりわけコンサマトリーな生活に重きをおく価値観）の流入を容認しつつ、生徒を学校へと惹きつける戦略をとる傾向がみられた。

　このストーリーは、やや問題性を極大化させて捉えた感があるのであるが、現代の学校が抱える難しさの一端を示すことができたのではないかと筆者は考えている。「管理教育」のように学校の論理を徹底することができれば、これは指導としては一貫性をもった生徒への働きかけが行いやすい。しかし、一方

では、学校的な価値観や規律を大事にしつつ、他方では、部分的に消費社会の価値観を受け入れるような戦略においては、そのバランスのとり方が難しいのだ。

　最後に、学校のコンサマトリー化と深い関係がある問題を一つ紹介しておきたい。荒川葉（2009）は、この時期、高卒後に就職する生徒の職業希望に異変が生じていると指摘する。一部の学校で「自己実現」を目指した結果、デザイナー、クリエイター、パティシエ、トリマー、ネイルアーチスト、ミュージシャンなどの「ASUC職業」を希望する生徒が増加しているというのだ。「ASUC職業」とは、魅力的（Attractive）で学歴不問（UnCredential）ではあるのだが、希少（Scare）すなわち、ごく限られた人だけが就ける職業のことである。補足すれば、これらの職業は自分のセンスやクリエイティビティを発揮でき、その成果が顧客に認められるという特質がある。好きなことを仕事にし、自分らしさを発揮して自己充足が得られる職業といえるのだ。こうした「自分らしさ」を追求する態度は、むしろ消費社会で培われてきた価値観であり、その意味で職業選択に消費社会的な価値観が入り込んでいるとみてよい。

　その一方、そもそも高校にくる求人の多くは、こうした華やかな職業ではなく、より地道な事務職や技術職である。旧来的な進路形成とは、現実的な職業の魅力を教えつつ、成績に応じて、適合的な職業に生徒を振り分けるようなプロセスであった。ところが近年、生徒の希望するままに「ASUC職業」への進路希望を是認するタイプの進路指導がみられていると荒川は指摘する。

　自分らしさを追求して「ASUC職業」への進路希望をする生徒にたいしてどう指導するのか、頭ごなしに生徒の選択を否定するわけにもいかないが、「ASUC職業」が学校を通じた現実的な進路形成ともいいがたい。成績のいい生徒から、学校が推奨する就職先に振り分けていくような、旧来的な指導が行われていた時代にはなかった課題が浮かび上がってきているといえるだろう。

【注】
（1）付言すれば、他の生徒たちは、いわば「マジメ」度に比例する形で、膝丈からくるぶ

し丈までの間の長さにする傾向がみられた。筆者がみたところ、当時の価値観では「マジメ」は「ダサい」ということでもあったから、おしゃれな女子生徒は、ある程度、スカート丈を長くすることが多かったように思われる。

【参 考 文 献】

荒川葉　2009『「夢追い」型進路形成の功罪——高校改革の社会学』東信堂
藤田英典　1991「学校化・情報化と人間形成空間の変容」『現代社会学研究』第4巻　北海道社会学会　pp.1-33
耳塚寛明　2001「高卒無業者層の漸増」矢島正見・耳塚寛明編著『変わる若者と職業世界：トランジッションの社会学』学文社　pp.89-104
森伸之　1996『制服通りの午後』東京書籍

【付　記】

本Chapterは、大多和直樹　2008「若者文化と学校空間——学校の遮蔽性と生徒集団の統合性はどう変化したか」広田照幸編『若者文化をどうみるか？——日本社会の具体的変容の中に若者文化を定位する』アドバンテージサーバー　pp.94-116　をベースとし大幅に加筆修正・再構成を施したものである。

コラム：新しい働き方・生き方のしくみをどう考えるのか

　コンビニモデルの職業に就く人が救われる社会とはどのようなものなのか。日本社会に生きる一人ひとりが、この課題を考えることが、社会変革のキーになるように思われる。
　ここでは議論のたたき台として、三つの構想を提示しておきたい。
　第一に、フリーターはきちんとした働き方・生き方だと位置づける「フリーターの正規化」の動きが必要ではないかと筆者は考えている。根拠は単純で、現代日本社会がフリーターを必要とする形で動いているならば、フリーターは社会的に必要な人材とみなされるべきだという考え方にもとづいている。胸を張ってフリーターができるような社会でなければ、フリーターという役割を担わされる人が救われない。
　これまでのフリーター対策では、彼／彼女らを正社員化することでフリーターをなくしていこうという動きが少なからずみられた。これは現実的な支援であるものの「フリーターの正規化」とは逆の方策であることが多い。その過程でフリーターを好ましくない存在と位置づけ――だから正社員になろう――フリーターをスティグマタイズするモメントが含まれることがあるからだ。
　第二に、リカレント型の教育社会の構築である。リカレント型教育社会とは、学卒後、社会に出た後も必要になれば学校に戻ってきて、再び学習できるようなしくみを備えた社会である。学習し直した後は、通常、キャリアアップや転職につなげられることが多い。実際、シンガポールなどの転職が盛んな社会では、社会に出た後一定期間学校にもどったり、働きながら夜間に学校に通ったりすることが広くみられる。リカレント型の教育社会が実現しているのだ。ここでは再チャレンジの機会が溢れているばかりか、長期にわたり転職をしなければ、奇異な目でみられることもあるという。自分でキャリアのプランを定めていかなければならず、常にチャレンジングでなければならないのであるが、学卒時の経済状況によって被る有利不利などの影響は少なくなる。
　このようなシステムにおいては、職を転々とするなかで、一時的にコンビニモデルの職業に就いたとしても、それはいまよりはるかに容認されやすく、「フリーターの正規化」に近づけられるのではなかろうか。
　とはいえ、課題も山積している。シンガポールのITE（職業訓練校：日本の工業高校・商業高校に相当する学校であるが、圧倒的に職業訓練を念頭に実学志向の強い教育が行われている）では、産業界と連携して3年に一度カリキュラムが改訂されるなど、「学校教育で学んだことが役に立つ」（学校で学べば雇われる）というしくみをつくり出している。現在の雇用は、依然として日本型雇用慣行をベースとして成立しており、しかも「学校で学んだことは役に立たない」という認

識が強い日本では、リカレント型教育社会への移行にはまだまだ課題が多いといわざるをえない。

　第三に、近年注目が集まっているベーシックインカム制度に触れておきたい。ベーシックインカムとは、その名の通り国民一人ひとりが最低限度の生活のための給付を受ける制度のことである。「企業の傘」という福祉システムから外れてしまった人を十全に生活保障しようとすれば、ベーシックインカムのような給付が必要になると筆者は考えている。

　現在も最低限度の文化的な生活を保障する生活保護制度がある。それとベーシックインカムは、どこが違うのか。生活保護制度では、生活の水準が低い人が、足りない分の補助を受けるというロジックになっている。だから生活保護を受けて、贅沢品を購入することは禁じられている（あくまで足りない分の補助であり、贅沢できるまでになるのはおかしいという考え方）。たとえば過去には生活保護家庭にエアコンは贅沢品だとして、市役所から取り外しを指示されたこともあった。

　これにたいして、ベーシックインカムでは、生活のための給付を得られるのは、国民の権利であるから、収入の多寡にかかわらず享受することができる。ベーシックインカムでは生活保護と違い、何を買ってもよい。ただし、贅沢品には、（ベーシックインカムの財源としての）消費税が高く設定されているということはあるかもしれない。

　さらに、ベーシックインカム制度では、既存の働き方にインパクトがあると考えられている。まず、いろいろなしごとにチャレンジしやすくなる。失敗しても最低限の保障がなされているからである。

　また、社会的に必要とされているが最も人がやりたがらないような仕事、いわゆる「3K」と呼ばれるような職業には、現在、条件のいい仕事に就くことができなかった人が、食べていくために仕方なくその役割を担うことも少なくない。しかも、低賃金でそうした職業に就かなければならないこともある。ところが、ベーシックインカムがあれば、そうした職業につかなくて済むかもしれなくなる。最低限食べていけるからである。するとどうなるのかというと、社会的に必要とされているが最も人がやりたがらないような仕事ほど賃金が高くなってくることが考えられる（ヴェルナー 2006：2007）。これは好ましい姿ではなかろうか。

　むろん、ベーシックインカムへの批判もある。ここでは以下の二点をとりあげておこう。

　第一に、モラルハザードの問題で、最低限の収入が保障されていると、働かなくてもよいと考える人がいるのではないかという批判である。働かざる者に収入を与えるのは甘えにつながり、社会的な生産性が落ちるという考え方もある。これは難しい問題である。たとえば月に7万円のベーシックインカムがあったとき、人は働かなくてもいいと考えるかという問題である。多くの人は、よりよい生活を目指して働くと筆者はみているが、読者の方々はどう考えるだろうか。

働かざる者に収入を与えるのはおかしいというような考え方についていえば、筆者は、むしろその方向性が強すぎるような気がしている。つまり、それが「企業の傘」からあぶれた人を低賃金労働に駆り立てたり、正社員になっても苛烈な労働環境で働かせることを正当化したりするときのロジックになっているように思われるのだ。

　第二に、財源の問題であり、これも難しい問題といえる。たとえば民主党政権下で施行された子ども手当は、ベーシックインカムに近い発想であったが、財源の関係から所得制限が設けられたことは記憶に新しい。

　多くの税金が必要になるわけであり、収入のうち納税に当てられる割合は大きくなるはずだ。それでも、この制度を実施しようとするコンセンサスが得られるかがポイントとなる。所得税の税率を上げて、稼いだ人から多くとるようにするか、すでに触れたように贅沢品への消費税率を上げて財源にするなどが考えられる。たとえば、ゲッツ・W・ヴェルナーの構想では、このときの最高消費税率は、50％に及ぶことになる。

【参考文献】
Werner, Götz, W. 2006 *Ein Grund für die Zukunft: Das Grundeinkommen*, Verlag Freies Geistesleben & Urachhaus GmbH 訳書　2007　渡辺一男訳『ベーシック・インカム──基本所得のある社会へ』現代書館

補論：感情の管理をめぐって

> 2000年代の半ば頃「KY」という言葉が流行した。「KY」とは「空気（K）読めない（Y）」の頭文字をとったもので、まず女子高生たちの間で生み出され一般に広まった言葉だという。場の空気を読めずに物事の円滑な進行を妨げることが最もひんしゅくを買う行為の一つというわけである。
>
> 女子高生に限らず多くの人々もまた「KY」な人を不愉快に思ったり、自分はそういう人にならないようにしたいと考えていたりするようだ。だから私たちはときに、場の空気を読み、適切に自分の感情を管理することで対人関係を円滑にする能力や技法を手に入れたいと思うことがある。このとき私たちは、まだまだ自分にはそうした能力が足りないと考えていることが多い。
>
> しかし、社会学者の目は、ときに物事を反対に捉える。すなわち、現代における他人への配慮や自己管理への配慮は、もはや行き過ぎの状態にあるのであって、足りないのではないと考えているのである。さらに、就業規則で自己の感情のあり方を変化させなければならないようなしごと（感情労働）の割合も増えており、感情の管理について社会的に考えなければならないところにきているとみている。

1．感情を管理して生きる：心理学が力をもつ時代

（1）心理学に解を求める現代人

社会学者の森真一（2000）は、著書『自己コントロールの檻』のなかで、現代人は、自分の感情を管理しながら生きていると指摘する。もちろん感情を抑えたりすることは、おそらくそれ以前の人々もしてきたのであるが、とりわけ

1990年代以降、感情の管理のあり方が繊細化し高度化してきている。その背景には、キレて暴力をふるうといった感情のコントロールを逸したような事件が起きるなど感情の管理が社会問題になったり、あるいは逆によりよい人間関係をつくり出すために相手を配慮しつつコミュニケーションを行うことが重要になってきたりする状況があった。ここにおいて感情マネジメントへの関心が高まるとともに、心理学を中心とした専門知に依ることによって感情マネジメント能力を高めることができるという認識がなされるようになってきたと森は論じている（森 2000, pp.14-15）。

その一例を挙げると、たとえば1990年代半ばころから「EQ」といった概念が社会的注目を集めた。「EQ」とは、Emotional Intelligence Quotient の略で心の知能指数のことである。端的にいえば、自分の感情を認識・制御するとともに他者の感情への配慮をすることで人間関係を円滑に処理できるような能力を指す。ここには「EQ」を上げること、すなわち感情のマネジメントを強化することでコミュニケーションを円滑にしていくことができるという考え方がある。この「EQ」に象徴される感情管理の議論をみていくと、相手の面子を潰す行為を平気でするのが最も「困った」人の特徴の一つであり、そうならないために相手の人格を傷つけないように注意せよというメッセージが発せられることが多いと森は指摘する（森 2000, pp.75-90）。

その上で森は、多くの人が「EQ」や自己啓発をはじめとする心理学的知識——それは学問的というよりも世俗化された心理学ではあるが——の効用に期待している状況を批判的に捉え、社会の心理主義化と呼んでいる（森 2000, pp.14-15）。心理主義化した社会では、すでに多くの人が相手に配慮しながら生活をしているにもかかわらず、まだ相手への配慮やコミュニケーション力が足りないと考えている傾向にあり、いまや人格を少しも傷つけてはいけないような状況になってきているという（人格崇拝）（森 2000, pp.112-114）。人格崇拝が進むと、ちょっとした人格を傷つける行為が気になって仕方なくなり、ますます「EQ」を高めたくなる。しかしその行為の帰結として、人格を傷つける些細な行為がますます許せなくなるスパイラルに陥ってしまうと森は指摘する（森 2000,

第11章　補論：感情の管理をめぐって　*143*

pp.192-193)。結局のところ、このような人格への過剰な配慮によって、私たちは、自己とは傷つけられてはいけない聖なるものである（「聖なる自己」）という認識を強くもつようになると考えられる。

（2）聖なる自己の高まりの果てに

　以上のように森は「EQ」などの技術をどんどん身につけることによって「聖なる自己」の度合いが高まってくるとしているが、これが行き過ぎるとどうなるのだろうか。近年、キレる人やクレーマー、モンスターペアレントなど理不尽な人が増加しているといわれているが、そのキレる人は聖なる自己の高まった結果ではないかと森は論じている。

　一見すれば、キレる人については、自己の制御が効かなくなるからキレるという見方がなされるが、森はそうではないと指摘する（森 2000, pp.193-197）。聖なる自己が高まるほど、相手の自分への配慮の無さがカチンとくるようになる。なぜなら自分は配慮しているのにあなたはしてくれないという状況になりやすいからである。自分が馬鹿にされたりないがしろにされたりすると感じられ、それが閾値を超えるとキレるにつながってしまうのだ。キレる人は、むしろ「自分が踏みにじられたのだから、ここまでしても当然の行為だ」とどこか自分の行為を正当化している節があると森は指摘する。

　したがって、キレる人をなくすためには自己の制御能力を引き上げることが必要だというような議論があるが、これは的外れであり、むしろ聖なる自己の度合いを下げることこそが必要になっていると考えることができる。皮肉なことに感情管理の度合いが高い人ほど、（一見、制御不能状態である）キレることを正当化しやすいということになる。このことを感情管理のパラドクスと呼んでおこう。

■■■ 2．感情労働：感情の管理をすることが商品になる

（1）感情労働の広がり

　近年では、働く場面において感情を管理するように促されることが多くなってきている。ホックシールド（1983：2000）は、1970年代に旅客機の客室乗務員のフィールドワークを行い、客室乗務員たちのしごとが感情に枠をはめ、いわば規格化された感情の状況をつくり出し——これを感情規則という——接客にあたっていることを指摘した。たとえば、彼女たちは理不尽な要求や苦情をいう客にたいしても業務上優しく接さねばならない。そのとき、優しさを自分から引き出すために、しばしば彼女たちはそうした客を子どもだと思うようにするなどの訓練がなされている。子どもならば、駄々をこねても仕方がないし、できる限り要求に応えてあげたいと思うことができるというわけである。

　このように感情の状態をつくり出し、それが提供するサービスの主たる部分を占めている労働のことを感情労働という。現在、このような働き方が接客を伴うしごとを中心に、サービス業、看護・医療、介護、クレーム対応窓口、教育など、ますます広がりをみせてきている。たとえば、葬儀社では個人の感情と切り離して沈んだ感情をつくらなければならないだろうし、ディズニーランドのスタッフならば、夢の国を訪れる人の気分を高めるために明るくハキハキと受け答えをしなければならないだろう。

　感情とは、自己の内側から自然に湧き上がるものというイメージがあるが、感情労働においては感情規則に従って意図的につくり出さなければならないものということになる。そうしてつくり出された感情そして人格は、交換価値をもつ商品ということになっているのである。

（2）感情労働のつらさ

　感情労働はつらい労働である。ホックシールドは、客室乗務員たちの感情労働と19世紀のイギリスの工場に従事させられる子どもたちの肉体労働をパラレルな関係として捉えている。そこでのつらさは、工場での肉体労働が身体の疎

外だとしたら、客室での感情労働は人格の疎外ということになる。その種類は違えども、どちらも人間そのものにかんする疎外ということができる。

確かに感情労働によってつくり出されたサービスによって、お客さんやクライアントに喜んでもらうことができ、充実感を得るということもあるだろう。しかし、実際にはそればかりではない。

医療・介護の領域を中心とした感情労働の問題を鋭く論じた武井麻子（2006, p.43-44）によれば、感情労働者は、職務上「偽りの自己」を日々演じており、その結果「自分の成分が薄まっていく」感覚を覚えることがあるという。すなわち感情労働者は自分の感情と切り離して職務上の感情をつくり出すわけであるが、それが「『にせ者』と悟られるようでは、優秀な感情労働者とはいえ」（武井 2006, p.43）ないのであり、したがってまるで心の底からそう思っているかのように自然に振る舞うことが必要となる。あくまで自然な感情であるかのようにニセの感情を演じることは、本者の自分とニセ者の自分とが重なって本者の自分が失われていくような感覚に陥ってしまうということになると理解できる。しかも、そうすると皮肉にも「感情労働に習熟すればするほど、他人を欺く度合いが強くなっていく」（武井 2006, p.44）わけであり、さらなる後ろめたさを抱えることにもなってしまう。

とくにクライアントにたいして愛情をもたなければならないようなタイプの感情労働は、強迫的なものとなりやすいようである。感情労働のつらさから救われる一つの方策は、ニセの感情から逃げ出すことである。しかし、たとえば看護師においては、患者に愛情をもって接するのは看護師として当然のことと考えられており、そればかりか、愛情をもって接することができなくなったら看護師失格だというような考え方さえある。愛情をもつべきだというのも職務上押しつけられる感情規則の一つなのであるが、看護師失格にならないためには、それに従うしかなくなってしまう。

「人生の終わりに、優しい真の愛を提供できた。そんな思い出はのこされた者への魂の救いとなり、死別による悲嘆から早く解放される助けになる」（武

井 2006, p.97）

　これは看護師の愛が遺族への救済を実現するという、一つの看護の理想形を示したものである。しかし、実際にはそこから充実感を得るというよりも、後ろめたい気持ちになってしまうこともあると武井は指摘する。

>　「病気でやつれ果てた肉体、見るも無残な病変や傷口、独特の臭い…中略…こうした悲惨な現実を直接目にし、触れ、ケアするのは、看護師としても勇気の要ることです。自分の体調が悪い時などは正直いってつらく、これが仕事でなければ逃げ出したいと思うことさえあるのが現実です。
>　そんな気持ちを持ちながら、表面上はそれを押し隠してやっている自分の行為を『愛』などと呼ばれると、自分がなんだか人を騙しているような気がするのです。」（武井 2006, p.97）

　看護師においても「逃げ出したい」というのが本当の感情で、当人は職務上別の感情（愛情）をつくり出して接しているわけであり、にもかかわらず遺族から愛ある看護にたいする感謝の言葉をもらったときなどには、人を欺いた気分でいっぱいになるというのだ。しかも、愛情をもって看護せよという感情規則に従わなくてはならない以上、この構造から抜け出すことは非常に難しい。

（3）感情労働の帰結

　それでは感情労働のストレスが積み重なったときその帰結はどのようなものになるのだろうか。最も酷い場合には傷害事件などに及ぶ場合もあるようだ。たとえば、武井（2006, p.101）は、看護助手が寝たきり患者の爪を剥いだ事件やグループホーム職員が認知症の入居者をやけどで死亡させてしまった事件が感情労働の末に起きた悲劇である可能性があることを指摘している。

　一見すると看護助手が患者を傷つける行為は、看護に携わるものとして最もありえない行為にみえる。しかし、それが看護助手にあるまじき行為であったとしても、武井は「毎日、患者に接している看護助手だからこそ、そのような

衝動にかられる」（武井 2006, p.1）ことがあると理解すべきだとしている。患者にたいしてケアを行ったときに何らかの反応が得られるときには、看護師はやりがいを感じるものであるが、全く反応が感じられないときには「ケアする者の内に空虚感と無益感」が生じ、さらに、それが続くと「患者が、あたかも自分を迫害しているような錯覚」へと変化するという（武井 2006, p.100-101）。そうした迫害感が積もり積もった結果、虐待や暴力などのあるまじき行為に至ることがあるというわけである。

　ここにも、感情を高度に管理し続けた結果（愛あるケア）、一見、感情を管理を怠った行動（傷害事件）に至るという感情管理のパラドクスがみられる。感情をコントロールしていないから傷害事件に至ったのではなく、コントロールしすぎて追い詰められた結果の事件ということなのである。

　さらに、バーンアウト（燃え尽き症候群）と呼ばれる現象もある。たとえば、製品のサポート窓口などでは、語気を強めて苦情をいう顧客にたいしても、心から悪かったとお詫びをいうような感情労働がなされている。だが、場合によっては、窓口の係が言い返せないのをいいことに怒りをあらわにして、一方的に怒鳴りつける顧客もいる。しかもそれを「当然の権利と思い込んでいる」（ホックシールド 1983：2000, p.213）節すらある。言われた側は、しごとだから──それで対価を得ているのだから──黙って聞いてお詫びするしかないのだが、一日中、そうした業務に従事することの負担は相当きついことは予想に難くない（ホックシールドは、すでにこうした問題を客室乗務員のフィールドワークから明らかにしていた）。相手にたいする自然な感情を抑え込むことが続くと、自然に湧き出す感情がいわば枯渇したような状況になり、虚無感に支配されるということなのだろう。

■■■ 3．感情の管理の行方

「感情とは自然に湧き上がってくるもの」という理解では、現在起きていることを捉えきれなくなってきている。すなわち一方では、公的な領域における

感情労働があり、感情の管理が労働の対価を生んでいる状況がある。そうした感情労働によって生み出されるのは、規格化された人格であり、これがさまざまなサービスを支えている。すでに私たちの感情は、資本主義社会がつくり出すサービスに従属するものとなっており、それがサービスとして顧客に提供される間、私たちは自分の感情を労働規則で定められた状態にしておかなければならない。ホックシールドは、このような社会状況が生起していることを指摘したのであった。

　他方では、私的な領域でも、森が指摘したようにコミュニケーションを円滑にするために感情の管理が高度化し、自己の聖性がますます高まる状況にあることがみえてきた。このとき私たちは、私的な領域では「神聖なる自己」をもちつつ、公的な領域においては規格化された別の人格を形成しなければならないという、感情へのストレスが高く、自己が傷つけられやすい状況を生きなければならないのかもしれない。ここにおいて、状況を改善していくためにどのような策を考えることができるだろうか。これまでみてきた研究に照らせば、いま求められているのは、さらに緻密に感情を管理する術を身につけて、この状況を乗り切ろうとするのではなく、感情の管理を緩めていき、そこに何らかのトラブルが起きたとしてもそれを容認していくこととなるだろう。実際に、欧米ではスマイル・トレーニングを受けさせることは人を侮辱するものとして位置づけられはじめており、近年、客室乗務員やファストフード店の店員が営業スマイルをすることが少なくなってきているという（武井 2006, pp.25-26）。米国の航空会社でニコリともしない客室乗務員がいるのはこのためとみることができる。

　だが、多くのサービス業から感情労働がなくなるのは、実現したとしても相当先のこととなるにちがいない。こうした状況で手っ取り早く感情の管理から解放されるには、消費者としてサービスを受ける側になるという方法があるように思われる。少なくとも私たちが消費者としてサービスを受けているとき、それはショッピングモールでのショッピングであっても、もっと直接的なサービスを受けるメイド喫茶などであっても、お客さんとして手厚く扱われる経験

を伴う。いまや私たちは、消費者となることで感情管理の負荷を下げる状況を買わなくてはならないのかもしれない。

　それに関連していえば、近年、駅員や店員に怒りをあらわにしくってかかって苦情を言う人をしばしば見かける。また、苦情を受けつけたショッピングセンターの店員に土下座をさせ、それを撮影してネット上にアップした介護職員の女性が逮捕される事件なども起きた。「そこまで怒らなくても」と思ってしまうが、消費者である自分が配慮されるべき状況であるにもかかわらず——本来はガス抜きになるはずが——なお自己が傷つけられる経験をしたときの怒りというのは非常に大きなものになるのかもしれない。しかも、この場合、怒りを当然そのまま相手にぶつけてよいと考えるわけであり、その帰結が度を超えた苦情申し立てになるとみることができそうだ。また、いわゆるモンスター・ペアレントが行う学校にたいする理不尽な要求や怒りもまた、こうした消費者意識に裏打ちされた同型の行為であるように思われる。

　いま私たちは感情管理を抜け出すためにサービスを消費し、その消費を誰かの感情労働が支える。社会は、そうした方向へと向かっているのかもしれない。

Book ガイド

森真一　2000『自己コントロールの檻』講談社選書メチエ：筆者は大学入学当初、心理学の専攻に進みたかったのだが、事情により諦めた経験がある。私は著者が指摘する心理学が社会に力をもつ状況において心理学を学びたいと考えていたわけであり、その状況そのものが社会学の対象であるということを本書から知ることができた。このように知識がどのような力をもち社会にどのような影響をもたらすのかを明らかにする営みを知識社会学という。本書はその入門書としても最適である。

武井麻子　2006『ひと相手の仕事はなぜ疲れるのか——感情労働の時代』大和書房：看護の現場を中心に感情労働の実際がどのようなものであるのか、つらさとはどのようなものか、どのような解決策があるのかなどを豊富な事例から体感的に感じることができる。しかも感情労働の理論についても平易に理解できるよう論じられている。

AR ホックシールド　1983：訳書2000　石川准・室伏亜希訳『管理される心——感情が商品になるとき——』世界思想社（Hochschild, Arlie Russell 1983 THE MANAGED HEART: COM-

MERCIALIZATION OF HUMAN FEELING University of California Press）：感情労働の問題は、2000年代以降ますます切実な問題となってきている。ホックシールドは、1970年代にすでにこの問題があることを発見し、フィールドワークを行った。感情労働の問題を指摘するにとどまらず、感情の商品化を引き起こすような社会の動き──ここにはジェンダーの不均衡もある──を描き出している。感情を社会学の対象に据えた初期の名著である。

Chapter 12 おわりに

　ここまで第Ⅰ部で私たちのカラダが社会的につくられること、第Ⅱ部で私たちがどのような社会的な管理のなかにおかれているのか、についてみてきた。読者の方々には、普段の生活のなかにあっては直接知ることのできない社会の力やその動きのダイナミックさをお感じいただけたのではないかと考えている。

　さて、本来ならば、個別的にみてきた各 Chapter を統合する議論が必要となるところである。当初筆者は、これをモダンなるもの（近代社会的な現象や性質）の変容とポストモダンなるもの（近代社会が終焉したあとに現れる社会を象徴する現象や性質）の存在感の増加というように捉えられるのではないかと考えていたが、それほど単純ではないことがみえてきた。それでも、各章をバラバラにしたままにはおけないのであり、ここではいくつかの章でみた現象についてある共通項からくくり出す作業をしておきたい。

1．一望する視線

　第一に、第Ⅰ部のカラダの形成についていえば、いくつかの現象は【一望する視線】の成立とつぎなる展開という観点から捉えられそうだ。Chapter6でみたパノプティコンは、一望監視装置という和訳が当てられているように、まさにこの視線を内包した社会的装置であった。フーコーによれば、これこそが近代社会を象徴する管理様式ということになり、Chapter7でみたように近代学校のしくみもまた、パノプティコンとの同型性を指摘できるものであった。だが、新しい監視社会において存在感を増しているのは、むしろ見られていることを意識させずに個人の動きを監視するしくみであった（Chapter8）。

一方、Chapter1でみたように消費社会に社会の原初的段階で消費者がまず身につけたのも——一望することと深い関係にある——おびただしい数のモノを眼前におき、比較・選別していく視線であった。しかも博覧会の主催者たちは、参加者にこうした視線を身につけさせようとする明確な意図をもっていたのだった。しかし、その後の消費の様式の展開をみていくと、消費とはよいモノを手に入れることのみならず、モノを買うことを通じて自分のイメージを買ったり、社会的なステージ（公園通り）に参加したりするという性格をもちあわせてくる。モノを比較選別していた視線は、自分自身に向けられ、さらに、他人と見る見られる関係をつくることで、消費による充足はより完成した姿となるように理解できる。デパートの原型がモノを比較・選別させる装置だったとしたら、パルコの戦略の一環である公園通りは、自分がステージで演じるにふさわしい人であるということを消費者同士に承認させる装置といえるだろう。

　Chapter2の遊園地も、【一望する視線】と関係が深い。観覧車や塔という近代的な楽しみは、見渡せる世界を眼前におきパノラマ的に一望することである。多くの遊園地がこうしたアトラクションを取り入れているのにたいして、ディズニーランドは、観覧車や登ることができる高塔をあえて排した遊園地であった。ここではむしろ視線はアトラクションの各領域に閉じ込められ、外部を見ることができないようになっていた。これこそが、人々に夢の国を演じさせる仕掛けであった。視線を閉じ込めることはまた、浦安という土地を感じさせない、すなわち土地性を切り離すための仕掛けともなっていた。そして、土地性を切り離した空間づくり、街づくりは、いまや消費都市や住宅街にも拡張してきているということなのであった。

　Chapter3で扱った鉄道も【一望する視線】と関係がないわけではない。馬車の旅を前提とした旧いカラダを有した人々の視線は、近くの対象に向けられ、したがって彼らには、鉄道が風景を喪失させるものと映った。しかし、鉄道に馴致した新しいカラダを有した人々の視線は、もはや近くの対象を見ることを無意識に諦め、より遠くの対象に向けられたのだった。このとき、車窓からの風景は奥行きを失っており、一種のパノラマとして捉えられるという議論が登

場したのであった。鉄道とは近代社会の成立を下支えしたテクノロジーであるが、同時に身体レベルでの影響を私たちに及ぼしていることが面白い。

なお、付け加えれば、視線の成立と展開といっても、必ずしも【一望する視線】からつぎの視線へというような発展段階的に捉えられるわけではない。現代においても、東京スカイツリーが【一望する視線】の娯楽として人気を博しているように、また、ダミーカメラの設置による犯罪対策が依然なされているように、重層的なものとして捉えるべきなのである。

2．自由を制限する管理から自由を通じた管理へ

第二に、管理のありようについていえば、個人の自由を制限していく管理から自由を通じた管理へという図式をみいだすことができそうだ。

Chapter9でみたように、日本型雇用の特質とは、労働者を学卒後すぐに終身雇用で雇い入れ、企業に囲い込むものであった。そこでは、企業は労働者を厳しく統制する一方で、労働者に生活の保障を提供していた。しかし、近年、非正規労働の比率が高まるなか、フランチャイズ型のシステムの存在感が増してきている。このシステムにおいては労働者への統制は比較的弱い。そのかわり、フランチャイザーからの労働者への投資は少なく、生活保障という発想自体も弱くなっている。これは囲い込まず、働く者の自由を制限せず、しかし、そこから利潤を上げていくシステマティックな管理法とみることができる。

学校においても「管理教育」というような個人を厳しく統制するやり方から、1990年代の生徒の自己実現を支援するやり方への変容がみられた（Chapter10）。これが制服の流行を変容させた背景となっているのだが、ここでも統制するかわりに進路を保証していくという方向性から、生徒に自由にさせるかわりに――もちろん学校は支援をするものの――結果については基本的に自己責任で引き受けさせる方向性へと舵が切られているとみることができる。

これらの現象は、統制と生活保障をセットにした管理が立ち行かなくなった領域で、自由と自己責任をセットにした新自由主義的な管理が顕在化してきて

いるとみることができるだろう。自由とは管理の対義語のように思われるが、実は自由を通じた管理が存在するところがミソということになる。

　Chapter6〜8で扱った規律訓練型権力から環境管理型権力へという流れもまた、自由を通じた管理の存在感が増すこととパラレルな現象である。規律訓練型権力と結びついた監視は、監視に気づかせて人々の行動を自ら統制させるような働きをもつ。これにたいして環境管理型権力と結びついた監視は、監視されていることを人々に気づかせず、自由に行動することを許す。しかし、個人が自由に行動した結果、犯罪や破産などのリスクが高いと判断されるやいなや、監視エージェントが個人の前に立ち現れ、彼／彼女を摘発したり排除したりすることになる。

3．つぎなるステップへ

　本書を読了された読者の方々には、つぎのステップが待っているだろう。本書で扱った内容をより詳細に学びたい方には、まずブックガイドに掲載した書籍や論文にあたることをおすすめしたい。本書のChapterがあるテーマの特定の部分に焦点化したものであるのにたいして、原著は、より広い問題性や射程を有していることがわかるはずである。

　今後、学びを深めるにあたり読者の方々にとってハードルとなるのではないかと考えられるのが、専門用語や概念とのつきあいである。学びが専門的になればなるほど、これらを理解することがどうしても必要になる。本書では、なるべく難解な概念は用いないように心がけてきたから、かえってそれがボトルネックとなってしまうかもしれない。

　専門用語が用いられるのは、社会学者が表現したいことを一言で的確に示すことができるからである。たとえば、「カラダは社会によってつくられる」というのが本書の柱の一つであったが、ここでいうカラダとは——物理的な体ではなく、かといって感覚器が知覚するものでもなく、生きている身体のありようのようなもののことなのであるが——おそらく身体性という概念で捉えられ

るものである。読了された読者の方々には、「カラダ」という表現ではうまく言い表せていないものが、身体性という語をあてるとしっくりくる、こうした感覚がすでに備わっているのではなかろうか。他の専門用語や概念も習得してしまえば、このような感覚を得ることができるものであるように思われる。だから、読者の方々には、いたずらに避けることなく専門用語や概念に接していっていただきたい。

　さらに、本書で扱えなかったものの一つが、より直接的に社会的弱者に光をあてるような研究である。貧困問題、ジェンダー論、諸マイノリティ問題など、社会のなかで不当な扱いを受け、窮地に立たされている人々の存在に光をあて、彼／彼女らがおかれる状況を改善していくとともに、そこから私たちの社会の歪みを浮き彫りにする研究がなされている。社会的弱者の問題にライフワークとして取り組んでいる社会学者の研究に触れることは、生き方を含めて学ぶことが多いはずだ。

本書ができるまでと謝辞

　読者の中心となる現代の大学生は、学問においてDJ（ディスクジョッキー）のような案内人を必要としているのではないかと筆者は常々感じている。しかも、それはちょうど、クラシック音楽——大学生からすれば少し敷居が高く、ともすれば自分とは関係がないと思っている音楽——に初心者のリスナーを惹きつけるようなDJである。一方で興味のないリスナーに、そのまま交響曲やオペラ、あるいは前奏曲集全曲を聴かせたのでは、途中むずむずして試聴を諦めてしまうことが予想される。他方でクラシック音楽のレパートリーは膨大にあり、しかも実際にメロディの宝庫でもあるから、リスナーの琴線に触れる部分は必ずあるにちがいない。したがって、ここではリスナーを惹きつける聴かせ方を模索することになるのだが、おそらくそれは、正統な音楽ファンならば邪道と位置づけるような、たとえば全体を聴かせるのではなくある程度細切れにして試聴させることなどが予想される。それでも、DJのしごととは、音楽をリスナーの琴線に触れる形で提供しつつ、その実、自分の世界にリスナーを引き込むことなのである。

　社会学や教育学を教えるにあたっても、実はこうした案内人がもっと必要となるように思われる。学生は名著であっても大作をそのまま渡されたら、途中で挫折をしてしまう。したがって、もし教科書をつくることがあったなら、邪道のそしりを免れないかもしれないが、なるべく学生が身近に慣れ親しんでいる現象をテーマにし、学生の琴線に触れる部分を切り出しつつ再構成して提供することをやってみようと筆者は考えていたのだった。

　そんなときに、北樹出版の編集者の福田千晶さんから教科書を作成してみないかという話をいただき、嬉しくて「ぜひやります」と脊髄反射的にお引き受けした。しかしながら、授業で扱うことと教科書にまとめることとのギャップに悩まされ、ずいぶん長い時間を要してしまった。授業で扱うときには、参考文献に登場する生のデータや収録されている引用を——優れた著作でなされて

いる引用は実にポイントをついており、ぜひとも学生に紹介したくなるものだから——積極的に提示することにしてきた。そのほうが研究者の論理や思考を追うことができ、臨場感を高めることができるからだ。しかし、教科書においては、参考文献の著者がした引用をさらに引用するわけであるから、いわゆる孫引きということになってしまう。論文ではないから孫引きも許されるのかもしれないが、筆者には非常に抵抗感を覚える経験となった。しかも、この問題は単に原典に戻れば良いというような単純なものではなかった。というのも、現代の知の編集作業においては、何を引用するのかにおいても研究者の力量が問われているのであって、それを原典に戻って素知らぬ顔で引用するのはかえって引用者を蔑ろにする行為に思えたからだ。この問題への暫定的な対応として、可能な箇所については原典に戻りつつ、さらに本書で参考にした文献中にそれが引用されていることを示すこととした。

　Chapter1、2、3、6、7、8、それから補論は、内外の社会学的・教育学的研究から筆者が影響を受けたテーマについて、ある側面に焦点化させたり、再構成したりしつつ解説するもので、これまでの授業においても完全なるキラーコンテンツとなっている。多くのものは刊行後10年以上を経ている（25年以上前のものも含まれる）が、いまでもなお輝きを失っていない。これらの Chapter に引用させていただいた先生方には、筆者の力量不足による拙い解説や論点の矮小化あるいは再構成が足りない点などについて、どうかご容赦いただきたく、お願い申し上げる次第である。

　さて、Chapter0でも触れたように本書の原型は、筆者がはじめて非常勤講師として授業を担当することとなった武蔵野女子大学（現・武蔵野大学）の「暮らしの知恵——現代社会に学ぶ子どもの知恵」という授業に端を発している。いきなり100人近い女子学生に教えなければならないということで、最初は非常に緊張したのを覚えている。拙い授業ではあったが、学生たちが興味をもってついてきてくれたことが嬉しかった。そこから15年を経て、教科書という形になることは本当に感慨深い。

　本書の内容は、さらに帝京大学で担当している「社会学」の授業を通じてブ

ラッシュアップされ、また新しいコンテンツが加わってきている。武蔵野女子大学時代には、渋谷の街の話などはまだ同時代論として受け入れられていたのであるが、いまの学生たちは歴史的事象として捉えている。このような変化に対応して、伝え方を変えなければならなくなっているのだが、学生からは多くのフィードバックをもらっている。

　筆者は帝京大学教育学部に所属しているが、教員間の雰囲気がよく、授業等の情報交換をしたり、アドバイスをいただいたりすることが気軽にできる。そうしたなかで授業に新しいコンテンツを加えたり、方法を工夫したりしているわけであり、本書はそうした環境で育まれてきた側面をもっている。お世話になっている帝京大学の先生方に、この場を借りてお礼を申し述べたい。

　また、学生時代のチェス・サークルの先輩である味村誠氏のご厚意によって、池袋西口公園の早朝ロケが実現できた。氏からは、写真や車をはじめとし、ずいぶん影響を受けた。またいつか、真冬のコンバーチブルに乗ってみたい。

　そして、本書の執筆の機会を下さった北樹出版の福田千晶さんに感謝申し上げたい。執筆開始から2年もの間粘り強く励ましてくださり、また、鋭いアドバイスをいくつもいただいたからこそ、本書を書き上げることができた次第である。打ち合わせでは、いろいろな話をするうちについつい長居をしてしまい、3時間が過ぎていたことも。

　最後になるが、妻の雅絵にもお礼をいいたい。学校事務職員として働きながら研究も続けている彼女は、いつも最初の読者として、それはそれは心のこもったコメントをくれる。本当にありがとう。博士論文を書くときには家事や育児をもっと分担するからね。

　　　　　　2014年5月　自宅リビングにて

　　　　　　　　　　　　　　　　　　　　　　　　　大多和　直樹

事項索引

あ　行
アーチスト　75
アイドル歌謡曲　65, 66, 77
いじめ　100
イメージ都市　25
オタク　65

か　行
環境管理型権力　103, 105, 107～109
勧工場　21
監獄　80
監視カメラ　106
監視テクノロジー　105
感情マネジメント　143
感情労働　145～147, 149
観覧車　30, 31
管理教育　129, 135, 136
概念　64
学習行動の一斉性　92
学歴社会　135
学校　90, 97～99, 127～137
学校システム　90
学校社会化　132, 133
企業の傘　119, 140, 141
規律訓練（ディシプリン）　84, 87, 94
規律訓練型権力　103
規律訓練機関　90, 98
クラブきっず事件　112, 113
ケータイ　51, 54, 57～62
工場・オフィスモデル　116, 122, 123
コギャル　128, 134
コンビニモデル　119, 122～125, 139

さ　行
サラリーマン　116, 117, 122, 123
視線装置　31
社会的装置　18, 22, 24, 28
終身雇用　116, 117
消費社会化　132, 133

白雪姫　37
新自由主義（ネオリベラリズム）　123, 124
実績関係　119
従順な身体　87
情報社会化　132, 133
人員管理　121
身体刑　82
スクールハラスメント　102
スタンダード　93
スティグマ　121
「生ー権力」　97
制服　127～132, 136
セグメント化　25, 28

た　行
多元的自己　112
ダイナブック　52～54, 61
テーマパーク　32, 34, 36
鉄道旅行　42, 43, 45, 47, 49
寺子屋　90, 91
データベース型監視　108
ディズニーランド　30～39
デジタル・ネイティブ　60
デパート　22, 23, 26, 27
土地性　31

な・は　行
ニート　76
日本的雇用慣行　116, 117
ニューミュージック　66, 68, 77
博覧会　18～21
ハラスメント　100～102
バーンアウト（燃え尽き症候群）　148
パーソナル・ダイナミック・メディア　52
パートタイム生徒　135
パノプティコン（一望監視施設）　80, 85～87,
　　95, 96, 98, 114, 115
パノラマ　30
パルコ　24, 25, 27

161

比較・選別　18, 19, 21
百貨店　22, 23
ビッグ・ブラザー　104
フランチャイザー　122
フランチャイジー　122
フリーター　116, 120, 121, 123～125, 135, 139
ベーシックインカム　140, 141
ポケベル　55～57

ま・ら行
マルチメディア　51, 54, 55, 61
メタボ　97
モニター　93

モラトリアム・システム　93
ランカスター・システム　92～95
リカレント型　139
ルーズソックス　128
ロック　66, 68, 77

600メートルショップ　26
ASUC 職業　137
EQ　143
Giving Shape（GS）　34, 35
Jポップ（J-Pop）　64, 65, 68, 70, 71～74, 76, 77
KY　142

人名索引

あ・か行
東浩紀　103, 109
荒川葉　137
ヴェルナー, ゲッツ, W.　141
烏賀陽弘道　77
おニャン子クラブ　65
苅谷剛彦　118, 119
菊池桃子　65
ケイ, アラン　51, 52, 54, 60
ゲイツ, ビル　51

さ・た・な・は行
シベルブシュ, ウォルフガング　42～48, 50
ジョブズ, スティーブ　51
高根正昭　77
武井麻子　146
ダミアン　80, 81, 83
ディズニー, ウォルト　32
能登路雅子　32, 33, 40
寺崎昭弘　92

橋元良明　60
早川由美子　104
フーコー, ミシェル　80～82, 85, 87, 90, 96
藤田英典　132～134
プレンスキー, マーク　60
ボウルビー, レイチェル　23
ホックシールド, A.R.　145
本田美奈子　64～68, 75

ま・や・ら行
耳塚寛明　135
森真一　142, 149
森伸之　127
柳治男　92
湯浅誠　119
吉見俊哉　19, 37
ライアン, デイヴィッド　106
ラスキン, ジョン　44, 46
レッシグ, ローレンス　107

著者紹介

大多和　直樹（おおたわ　なおき）

1970年生まれ　横浜市出身
1997年　東京大学大学院教育学研究科博士課程中退、東京大学大学総合教育研究センター助手を経て
2009年　博士（教育学）取得
現在　帝京大学教育学部教授
専門　教育社会学
主著　『高校生文化の社会学――生徒と学校の関係はどう変容したか』（有信堂，2014，近刊）『子どもとニューメディア―リーディングス日本の教育と社会10』（編著，日本図書センター，2007）

放課後の社会学

2014年6月15日　初版第1刷発行
2017年4月20日　初版第2刷発行

著　者　大多和直樹
発行者　木村　哲也
印刷　新灯印刷／製本　川島製本

発行所　株式会社　北樹出版
URL：http://www.hokuju.jp
〒153-0061　東京都目黒区中目黒1-2-6
電話(03)3715-1525(代表)　FAX(03)5720-1488

Ⓒ Naoki Otawa 2014, Printed in Japan　ISBN978-4-7793-0427-9
（落丁・乱丁の場合はお取り替えします）